JN006020

高校生の就職試験

基礎から解ける SPI

SPI3 完全対応

就職試験情報研究会

TAC出版

TAC PUBLISHING Group

はじめに

現在，高校生の採用試験において，多くの企業が適性検査として「SPI（現在，SPI3）」を実施しています。この傾向は今後も続くものと思われます。

本書の特長

●「能力適性検査」に的を絞ったこと

「SPI」は，「能力検査」と「性格検査」から構成されています。「性格検査」は自社の仕事内容や社風に適した人物であるかどうかを判断するためのもので，受検者からすれば，質問されたことに対し，「素直に，正直に答えること」が第一だと考えられます。これに対し，「能力検査」は日頃の練習・訓練が結果としてすぐに現れます。また，「SPI」の場合，正確さとともにスピードも求められるので，繰り返し問題を解いてみましょう。

●ジャンル別に分けたこと

「能力検査」は，「言語問題」と「非言語問題」から構成されています。「SPI」のひとつの特徴は，「言語問題」「非言語問題」とも，出題ジャンルに大きな変動がないことです。たとえば，「言語問題」については毎年必ず「二語の関係」は出題され，その問題数は他のジャンルより多いものとなっています。ジャンル別に分けることで，受検者も出題される問題のタイプをはっきり認識でき，自分なりに対策を立てることもできます。

●［例題］→［練習問題］

各ジャンルとも，最初に［例題］を掲げ，解法に際しての［Point］などを述べました。そして，それを踏まえ，［練習問題］として［例題］の類似問題あるいは発展問題などを掲載しました。

●各［解き方］のヨコスペースには，それぞれの設問に応じて，学習を進めるにあたってのさまざまなヒントが記載してあります。設問を解く前の基礎的な知識などを表した 確　認 や，別の解法を表した 別　解 ，見おとしがちなコツを表した 注　意 のほか， アドバイス 発　展 検　算 参　考 追　加 大前提 があります。どんどん活用しましょう。

●［練習問題］のヨコスペースには，「何をxとおいたらよいのか？」など解き方の一部を提示した アシスト と，解く際の重要ポイントを示した コーチ が記載されています。また，言語分野の［練習問題］においては，文例 意味 ミニ知識 も記載しており，学習の拡大がはかれるようになっています。

編集部

目 次

PART 1 非言語分野

PART 2 言語分野

就職試験とSPI

1 高校生の就活のスケジュール

　2023（令和5）年2月に高等学校就職問題検討会議が開催され，2024（令和6）年3月に高校を卒業する生徒の就活スケジュールが次のように決まりました。

（1）「ハローワークによる申込書の受付開始」…………2023年6月1日
（2）「企業の学校への求人票配布の開始日」…………2023年7月1日
（3）「学校から企業への生徒の応募書類提出開始日」…2023年9月5日（沖縄県は8月30日）
（4）「企業による採用選考の開始日及び採用内定開始日」…2023年9月16日

（1）で示していることは，高校生を対象とした求人については，ハローワークにおいて求人の確認をしたのち，学校に求人票が提出されることになるということです。
（2）で示していることは，企業の求人票が7月1日以降，学校に届くということです。求人票には企業が求めている人数が記載されている場合と，記載されていない場合があります。前者の場合，例えば求人数が5名と書かれていたとき，応募者が8名になると，学校内で事前に選考が行われます。
（3）で示していることは，9月5日以降に，学校が企業に対し，生徒の応募書類を提出するということです。
（4）で示していることは，9月16日以降，企業が応募してきた生徒に対して筆記試験・面接試験を行い，採用を決めるということです。

2 高校生の就職試験の特徴

　高校生の就職試験の特徴は，高校の先生が主導的な役割を果たすことです。大学生の場合，自分が志望する会社を選び，その会社を受験しますが，高校生の場合，高校の先生がその生徒にマッチした会社を選び，生徒にその会社を受験することをすすめます。とはいえ，それはあくまでも本人の希望や適性に基づいて行われます。
　もう1つの特徴は，「一人一社制」という制度です。これは，一時期に原則として1社しか受験できないというものです。このため，同制度の是正を求める声が年々高まり，近年は大部分の自治体で複数受験が可能になりました。ただし，自治体により複数受験が可能になる時期は異なります。一部の自治体は9月5日から複数受験を導入していますが，多くの自治体は9月下旬以降となっています。詳細については，高校の先生に確認しましょう。

3 就職試験のポイント

　高校の先生が選んでくれた会社なので，受験に行けばそれで"OK"と考える人もいるでしょうが，それほど甘くはありません。どの会社でも筆記試験と面接試験があります。よって，筆記試験と面接試験の両方にパスしなければ，内定はもらえません。

　筆記試験の内容は受験する会社によって異なります。具体的にいうと，受験する会社が独自に試験問題を作成する会社もあれば，まったくそうした問題は社内では作らず，採用テスト会社の作成した試験問題を出題する会社もあります。現状では，後者のケースが大部分を占めています。

　かつては筆記試験が先にあり，それをクリアした人だけが面接試験に進んでいました。ところが近年は，同一日に筆記試験と面接試験を実施する会社が著しく増えています。そのため，「面接で高得点をゲットすれば筆記が少々悪くてもOK」などと勝手に判断する人もいますが，筆記試験には基準点が設けてあり，それをクリアしないことには内定はもらえません。

　面接試験の回数は会社により異なりますが，最低2回はあります。面接形式には，個人面接，集団面接，集団討論などがありますが，いずれの面接形式であれ，十分対処できるよう準備しておく必要があります。

4 筆記試験の実情

　先に述べたように，自分の会社で試験問題を作らず，採用テスト会社の作成した試験問題を出題する会社が大部分を占めています。

　採用テスト会社の最大手は「（株）リクルートマネジメントソリューションズ」で，同社は採用テスト「SPI」を作成・販売しています。同業界のNo.2は「玉手箱」「GAB」「CAB」で知られる「日本エス・エイチ・エル（株）」です。

　"SPI"はかつては「採用テスト」市場の大部分を占めていましたが，日本エス・エイチ・エルなどの採用テスト会社の登場により，近年そのシェアは約40％にまで低下したといわれています。しかし，それでも「SPI」が最大規模の採用テストであることに変わりはなく，10社受験すれば，確率的に約4社では「SPI」の問題が出題されることになります。

5 SPIとは

　SPI（Synthetic Personality Inventory）は，1974年に当時の日本リクルートセンター社の人事測定事業部によって開発されたマークシート式の総合適性検査です。SPI2はSPIを改訂したもので，2005年12月から導入されました（SPIは2005年11月に廃止）。

　SPI2の登場に伴い，受検方式はマークシート式（ペーパーテスティング）に加え，テストセンター，WEBテスティング，インハウスCBTの3方式が追加されました。

　また，テストセンター，WEBテスティング，インハウスCBTの3方式については2013年から，マークシート式（ペーパーテスティング）については2014年からSPI2に代わりSPI3が導入されました。SPI2とSPI3の違いは，「性格検査において，SPI2よりも検査の尺度が増え，社会関係的側面と組織適応性という2つの分野が追加になったこと」です。本書

が対象としている「能力検査」については，SPI2とSPI3との違いはほとんどありません。

SPI3は，「能力検査」と「性格検査」の2つから構成されています。また，「能力検査」は，「言語問題」と「非言語問題」から構成されています。「言語問題」「非言語問題」とも，練習を積めば積むほど高得点が期待できます。別言すれば，練習をする人としない人とでは大きな差が出てしまいます。特に，「非言語問題」についてそれがいえるので，毎日少しでもよいからいろいろなタイプの問題にチャレンジしましょう。

一方，「性格検査」は，受検生の人物像を行動的側面，意欲的側面，情緒的側面，社会関係的側面，職務適応性，組織適応性から分析し，自社の仕事内容や社風などにマッチしているかどうかを判断するためのものです。そのため，基本的には，質問されたことに対し，「素直に，正直に答えるという姿勢」が大切だと思われます。

⑥ 高卒採用のSPIは依然ペーパーテスティングが主流

すでに説明したように，SPIの受検方式には現在次の4つがあります。

○テストセンター……（株）リクルートマネジメントソリューションズが用意した会場に受検生が出向き，会場に設置されたパソコンでSPIを受検するものです。「能力検査：約35分」「性格検査：約30分」

また，2022年10月11日から「テストセンターオンライン会場」が設置されました。オンライン会場とは，自宅で受検が可能となる「一人の受検生のための試験会場」のことです。

○WEBテスティング……インターネットを使って，自宅のパソコンでSPIを受検するものです。WEBテスティングを利用する企業も増えています。「能力検査：約35分」「性格検査：約30分」

○インハウスCBT……志望する会社内のパソコンを使ってSPIを受検するものです。「能力検査：約35分」「性格検査：約30分」

○ペーパーテスティング……志望する企業や，志望する企業が用意した会場に出向き，マークシート方式によるペーパーテストを受けるものです。

| ペーパーテスティング | 能力検査：約70分 ⎫ 約110分 |
| | 性格検査：約40分 ⎭ |

注：ペーパーテスティングの能力検査においては，言語問題は約30分，非言語問題は約40分。

上記のうち，高卒採用で多くの会社が使用しているのは「ペーパーテスティング」です。本書は「ペーパーテスティング」で出題されるものを対象としたものです。

非言語分野

1 四則計算

・・・・・・・・・・・・・・・・・・ 例 題 1 ・・・・・・・・・・・・・・・・・・

次の計算をしなさい。

① 5.84 ＋ 12.93 ＝

  A 16.78 B 17.87 C 19.87 D 18.77 E 17.97

② 90 ×（25 ＋ 15）＝

  A 45,000 B 3,600 C 900 D 4,500 E 36,000

③ $\dfrac{7}{8} \div \dfrac{21}{4} =$

  A $\dfrac{1}{6}$ B $\dfrac{1}{3}$ C $\dfrac{1}{12}$ D $\dfrac{1}{8}$ E $\dfrac{1}{9}$

Point 問題集などから，すばやい解法のテクニックを学ぶことは大切である。しかし，より重要なことは多くの計算問題を解くプロセスにおいて，自分なりのテクニックを見つけることである。それが本当の実力となるはず。

確認

四則計算の問題は速く，正確に処理することがポイントです。

それで多くの人がスピードアップを心がけるのですが，ついついスピードを出しすぎて計算ミスをしてしまいます。

四則計算の問題は確実に得点できる分野なので，全問正解を目指しましょう。採用担当者の中には，四則計算での成績を重視している人がいるかもしれません。

解き方

① 小数点のある数字を計算する場合，いろいろ方法はあるが，速く，正確に計算する方法は右に示したようにタテに書きかえて計算すること。

$$\begin{array}{r} 5.84 \\ +)\ 12.93 \\ \hline 18.77 \end{array}$$

解答 D

② 最初に，（　）内を計算すること。

 25 ＋ 15 ＝ 40

∴ 90 ×（25 ＋ 15）＝ 90 × 40

90 × 40 を計算する場合，「0」が 2 つ付くことをまず覚えておく。そして，9 × 4 ＝ 36　「0」が付くので，「36」の後に「0」を 2 つ付けると，「3,600」

解答 B

③ 分数の割り算はかけ算になおして計算すること。

$$\dfrac{7}{8} \div \dfrac{21}{4} = \dfrac{7}{8} \times \dfrac{4}{21}$$

つまり，÷ を × にしたとき，$\dfrac{21}{4}$ の分母と分子を入れかえて，$\dfrac{4}{21}$ とする。$\dfrac{\overset{1}{\cancel{7}}}{\underset{2}{\cancel{8}}} \times \dfrac{\overset{1}{\cancel{4}}}{\underset{3}{\cancel{21}}} = \dfrac{1 \times 1}{2 \times 3} = \dfrac{1}{6}$

解答 A

例題②

次式の□に入る数値はどれか。

① 5 × □ + 8 = 23

    A　4　　　　B　6　　　　C　3　　　　D　2　　　　E　5

② (9 + □) × 3 = 54

    A　8　　　　B　10　　　C　6　　　　D　12　　　E　9

③ $8 \times \dfrac{5}{12} = \dfrac{2}{3} \times □$

    A　5　　　　B　8　　　　C　7　　　　D　9　　　　E　6

④ 15 ÷ 4 × □ = 30

    A　6　　　　B　4　　　　C　20　　　D　8　　　　E　12

Point　□を x に置きかえて計算すること。

解き方

① $5 \times □ + 8 = 23$　□を x に置きかえると，

  $5 \times x + 8 = 23$　　∴ $5x = 15$　　∴ $x = 3$

x ではなく，y でもよいし，a でも OK。

解答 C

② $(9 + x) \times 3 = 54$

  $9 \times 3 + x \times 3 = 54$　　$27 + 3x = 54$

  ∴ $3x = 54 - 27$　　$3x = 27$　　　∴ $x = 9$

解答 E

③ $8 \times \dfrac{5}{12} = \dfrac{2}{3} \times x$

$\dfrac{2}{3}\dfrac{8 \times 5}{12} = \dfrac{2 \times x}{3}$　$\dfrac{2 \times 5}{3} = \dfrac{2x}{3}$

$\dfrac{10}{3} = \dfrac{2x}{3}$　　分母が左辺，右辺とも「3」であるので，

$10 = 2x$　　$2x = 10$　　∴ $x = 5$

解答 A

④ $15 \div 4 \times x = 30$

  $15 \times \dfrac{1}{4} \times x = 30$

$\dfrac{15x}{4} = 30$　　$15x = 30 \times 4$

$15x = 120$　　∴ $x = \dfrac{120}{15} = 8$

解答 D

確認

このタイプの問題が苦手な人は次の方法で正解にたどりつくようにしましょう。

①の問題の場合，5 × □ + 8 = 23に，選択肢Aの「4」を□に入れてみます。

5 × 4 + 8 = 20 + 8
　= 28　　　∴誤り

Bの「6」を□に入れてみます。

5 × 6 + 8 = 30 + 8
　= 38　　　∴誤り

Cの「3」を□に入れてみます。

5 × 3 + 8 = 15 + 8
　= 23　　∴正しい

練習問題 四則計算

1. 次の計算をしなさい。

① 0.097 ＋ 0.23 ＝

| A | 0.0327 | B | 0.13 | C | 0.3 |
| D | 0.327 | E | 0.013 | | |

アシスト
```
   0.097
+) 0.23
```

② （58 － 19）× 41 ＝

| A | 1,689 | B | 1,599 | C | 1,199 |
| D | 1,499 | E | 1,189 | | |

コーチ
（　）内を先に計算する。

③ 85 × 0.024 ＝

| A | 0.214 | B | 2.14 | C | 20.4 |
| D | 21.4 | E | 2.04 | | |

アシスト
```
   85
×) 0.024
```

④ 6 ÷ 0.012 ＝

| A | 45 | B | 50 | C | 450 |
| D | 500 | E | 4,500 | | |

アシスト
```
0.012 )6.000
```

⑤ $7 \div (\frac{5}{8} - \frac{7}{12}) =$

| A | 168 | B | 56 | C | 84 |
| D | 72 | E | 148 | | |

アシスト
分数の部分を正確に計算する。

2. 次の□に入る数値はどれか。

① □ ÷ 4 － 11 ＝ 9

| A | 80 | B | 120 | C | 60 |
| D | 48 | E | 64 | | |

コーチ
□を x に置きかえる。

② $16 \times \frac{5}{8} = \square \times \frac{5}{12}$

| A | 38 | B | 16 | C | 32 |
| D | 28 | E | 24 | | |

アシスト
$2 \overset{}{16} \times \frac{5}{8} 1$

③ $5 \div \frac{1}{3} \times \square = \frac{1}{7} \times 21$

| A | $\frac{2}{7}$ | B | $\frac{1}{5}$ | C | $\frac{1}{6}$ | D | $\frac{1}{4}$ | E | $\frac{2}{9}$ |

アシスト
$5 \div \frac{1}{3} = 5 \times 3$

④ $2.5 \div \square = 60 \times \frac{1}{15}$

| A | $\frac{1}{6}$ | B | $\frac{2}{5}$ | C | $\frac{5}{8}$ | D | $\frac{3}{7}$ | E | $\frac{5}{12}$ |

アシスト
$2.5 = \frac{5}{2}$

⑤ （32 － □）× 4 ＝ 48 ÷ 1.2

| A | 30 | B | 22 | C | 28 | D | 40 | E | 34 |

アシスト
$1.2 = \frac{12}{10}$

4　PART 1...非言語分野

解答・解説 **四則計算**

1. ① 解答 **D**

$$\begin{array}{r} 0.097 \\ +)\ 0.23 \\ \hline 0.327 \end{array}$$

② 解答 **B**

$$(58 - 19) \times 41 = 39 \times 41$$

$$\begin{array}{r} 39 \\ \times)\ 41 \\ \hline 39 \\ 156\ \ \\ \hline 1599 \end{array}$$

③ 解答 **E**

$$\begin{array}{r} 85 \\ \times)\ 0.024 \\ \hline 340 \\ 170\ \ \\ \hline 2.040 \end{array}$$

④ 解答 **D**

$$0.012\ )\overline{6.000}\ \ \ \ \ \ \begin{array}{r}500\end{array}$$
$$\begin{array}{r} 60 \\ \hline 0 \end{array}$$

⑤ 解答 **A**

$$7 \div \left(\frac{5}{8} - \frac{7}{12}\right) = 7 \div \left(\frac{15}{24} - \frac{14}{24}\right) = 7 \div \frac{1}{24} = 7 \times \frac{24}{1} = 168$$

2. ① 解答 **A**

$$x \times \frac{1}{4} - 11 = 9 \qquad \frac{x}{4} = 9 + 11 \qquad \frac{x}{4} = 20 \qquad \therefore x = 80$$

② 解答 **E**

$$16 \times \frac{5}{8} = x \times \frac{5}{12} \qquad 10 = \frac{5x}{12} \qquad 5x = 120 \qquad \therefore x = 24$$

③ 解答 **B**

$$5 \div \frac{1}{3} \times x = \frac{1}{7} \times 21 \qquad 5 \times 3 \times x = 3 \qquad 15x = 3 \qquad \therefore x = \frac{1}{5}$$

④ 解答 **C**

$$2.5 \div x = 60 \times \frac{1}{15} \qquad \frac{5}{2} \times \frac{1}{x} = 4 \qquad \frac{5}{2x} = 4 \qquad 5 = 8x \qquad 8x = 5 \qquad \therefore x = \frac{5}{8}$$

⑤ 解答 **B**

$$(32 - x) \times 4 = 48 \div 1\frac{2}{10} \qquad 128 - 4x = 48 \div \frac{12}{10} \qquad 128 - 4x = 48 \times \frac{5}{6}$$

$$4x = 128 - 40 \qquad 4x = 88 \qquad \therefore x = 22$$

2 数式の定義＆計算

例題 ①

$x \odot y = 2xy - 18$ と定義すると，次の数値はいくらか。

① $7 \odot 4 =$

A 38	B 46	C 82	D 24
E 62	F 54	G 40	

② $3 \odot (2 \odot 9) =$

A 60	B 104	C 86	D 90
E 116	F 84	G 66	

Point

与えられた数式の定義をそのまま受け入れること。
例えば，$x \odot y = 7xy - 4$ と定義されていて，$10 \odot 2$ を計算するとき，$x = 10$，$y = 2$ であるので，$10 \odot 2 = 7 \times 10 \times 2 - 4 = 136$

アドバイス

このタイプの問題は一見，解くのがむずかしいように思われますが，コツをつかめば容易に解けます。

ただ，できれば解くだけではなく，スイスイ解けるまでに慣れましょう。多くの問題を解けばスピードアップしてきます。

解き方

① $x \odot y$ と $7 \odot 4$ から，

単純に，$x = 7$，$y = 4$ と考える。

$x \odot y = 2xy - 18$ と定義されているので，

$$7 \odot 4 = 2 \times 7 \times 4 - 18$$
$$= 56 - 18$$
$$= 38$$

解答　**A**

② まず，$(2 \odot 9)$ にだけ着目する。

すると，$x = 2$，$y = 9$ と考えることができる。

よって，$2 \odot 9 = 2 \times 2 \times 9 - 18$
$$= 36 - 18 = 18$$

したがって，$3 \odot (2 \odot 9) = 3 \odot 18$ となる。

$3 \odot 18$ の場合，$x = 3$，$y = 18$ と考える。

$$3 \odot 18 = 2 \times 3 \times 18 - 18$$
$$= 108 - 18$$
$$= 90$$

解答　**D**

例 題 2

$x \odot y = 5 \times y + 2 + 3xy$ と定義すると，次の数値はいくらか。

① 8⊙10＝

| A | 280 | B | 264 | C | 320 | D | 292 |

| E | 346 | F | 308 | G | 314 |

② （1⊙4）⊙（2⊙3）＝

| A | 4,046 | B | 3,264 | C | 3,986 | D | 4,825 |

| E | 4,278 | F | 3,402 | G | 3,747 |

数式の定義が複雑になっても基本はまったく同じなので，計算間違いに気をつけて処理すること。例えば，$x \odot y = y \times 7 + 6 + 4xy$ と定義されていて，4⊙5を計算するとき，

$x = 4$，$y = 5$ と考えて，そのまま上式に代入する。

$4 \odot 5 = 5 \times 7 + 6 + 4 \times 4 \times 5 = 41 + 80 = 121$

解 き 方

① 前ページと同様，$x \odot y$ と 8⊙10から，

単純に，$x = 8$，$y = 10$ と考える。

$x \odot y = 5 \times y + 2 + 3xy$ と定義されているので，

$8 \odot 10 = 5 \times 10 + 2 + 3 \times 8 \times 10$

$\qquad = 52 + 240$

$\qquad = 292$

解答　D

② まず，（1⊙4）にだけ着目する。

すると，$x = 1$，$y = 4$ と考えることができる。

$1 \odot 4 = 5 \times 4 + 2 + 3 \times 1 \times 4$

$\qquad = 22 + 12 = 34$

次に，（2⊙3）に着目する。

$2 \odot 3 = 5 \times 3 + 2 + 3 \times 2 \times 3$

$\qquad = 17 + 18 = 35$

よって，（1⊙4）⊙（2⊙3）＝34⊙35

∴ $34 \odot 35 = 5 \times 35 + 2 + 3 \times 34 \times 35$

$\qquad = 177 + 3,570$

$\qquad = 3,747$

解答　G

確　認

$x \odot y = y + 2xy$ と定義されていて，

（4⊙3）⊙2を計算する場合，まず（　）内の計算を先に行います。

（4⊙3）⊙2

＝（3＋2×4×3）⊙2

＝（3＋24）⊙2

＝27⊙2

＝2＋2×27×2

＝2＋108

＝110

練習問題　数式の定義＆計算

1. $x \odot y = 4xy - 2y + 3x$ と定義すると，次の数値はいくらか。

コーチ
$x = 6$
$y = 3$と考える。

① $6 \odot 3 =$

A	56	B	90	C	110	D	66
E	72	F	84	G	102		

コーチ
$(5 \odot 5)$を先に計算する。

② $1 \odot (5 \odot 5) =$

A	184	B	205	C	218	D	143
E	213	F	282	G	162		

コーチ
$(2 \odot 8)$を先に計算する。

③ $(2 \odot 8) \odot 7 =$

A	1,472	B	2,520	C	1,876	D	2,045
E	1,660	F	1,244	G	2,304		

2. $x \odot y = x \div 2 + 3y - 6$ と定義すると，次の数値はいくらか。

コーチ
$x = 10$
$y = 2$と考える。

① $10 \odot 2 =$

A	5	B	10	C	12	D	34
E	18	F	25	G	8		

コーチ
$(12 \odot 3)$を先に計算する。

② $24 \odot (12 \odot 3) =$

A	27	B	38	C	46	D	33
E	19	F	24	G	42		

コーチ
$(18 \odot 9)$と
$(16 \odot 10)$を先に計算する。

③ $(18 \odot 9) \odot (16 \odot 10) =$

A	154	B	253	C	105	D	215
E	132	F	168	G	234		

解答・解説 数式の定義＆計算

1. ① 解答 **F**

$x \odot y = 4xy - 2y + 3x$ と定義されているので,
$6 \odot 3 = 4 \times 6 \times 3 - 2 \times 3 + 3 \times 6$
$\qquad = 72 - 6 + 18 = 84$

② 解答 **E**

$1 \odot (5 \odot 5) = 1 \odot (4 \times 5 \times 5 - 2 \times 5 + 3 \times 5)$
$\qquad\qquad = 1 \odot (100 - 10 + 15)$
$\qquad\qquad = 1 \odot 105$
$\qquad\qquad = 4 \times 1 \times 105 - 2 \times 105 + 3 \times 1$
$\qquad\qquad = 420 - 210 + 3 = 213$

③ 解答 **E**

$(2 \odot 8) \odot 7 = (4 \times 2 \times 8 - 2 \times 8 + 3 \times 2) \odot 7$
$\qquad\qquad = (64 - 16 + 6) \odot 7$
$\qquad\qquad = 54 \odot 7$
$\qquad\qquad = 4 \times 54 \times 7 - 2 \times 7 + 3 \times 54 = 1{,}512 - 14 + 162 = 1{,}660$

2. ① 解答 **A**

$x \odot y = x \div 2 + 3y - 6$ と定義されているので,
$10 \odot 2 = 10 \div 2 + 3 \times 2 - 6 = 5 + 6 - 6 = 5$

② 解答 **D**

$24 \odot (12 \odot 3) = 24 \odot (12 \div 2 + 3 \times 3 - 6)$
$\qquad\qquad = 24 \odot (6 + 9 - 6)$
$\qquad\qquad = 24 \odot 9$
$\qquad\qquad = 24 \div 2 + 3 \times 9 - 6$
$\qquad\qquad = 12 + 27 - 6 = 33$

③ 解答 **C**

$(18 \odot 9) \odot (16 \odot 10) = (18 \div 2 + 3 \times 9 - 6) \odot (16 \div 2 + 3 \times 10 - 6)$
$\qquad\qquad = (9 + 27 - 6) \odot (8 + 30 - 6)$
$\qquad\qquad = 30 \odot 32$
$\qquad\qquad = 30 \div 2 + 3 \times 32 - 6 = 15 + 96 - 6 = 105$

3 料金の割引・精算・分割払い

例題 ①

あるホテルの宿泊代は1泊1人6,000円であるが，8名以上の団体の場合，5名を超えた分については1割引となり，10名を超えた分については2割引となる。20人の団体がこのホテルに泊まると，宿泊代の総額は1泊でいくらになるか。

A　104,000円　　　B　104,400円　　　C　105,000円

D　105,800円　　　E　106,200円

Point
- 割引の対象となる人数を，割引率に応じて求める。
  上問の場合，1割引と2割引の2種類がある。
- 総額＝（通常料金×人数）＋（1割引の料金×人数）＋（2割引の料金×人数）

確認

「20名以上の団体の場合，12人を超えた分については2割引とする」と書いてある場合，割引対象の人数は，20－12＝8（人）となります。つまり，12人を超えた分であるので，その中には12人は含まれず，13人目からです。

解き方

このタイプの問題で間違いやすいのが割引の対象人数である。「8名以上の団体の場合，5名を超えた分については1割引となり，10名を超えた分については2割引となる」と書いてある。
よって，5名ではなく，6名以上が割引の対象で，5名までは通常料金となる。また，10名ではなく，11名以上が2割引の対象となる。
整理すると，次のようになる。

（人数）	（料金）
1～5名	通常（割引ナシ）
6～10名	1割引
11～20名	2割引

以上より，1泊の宿泊代の総額は，

$5 \times 6,000 + 5 \times 6,000 \times (1 - 0.1) + 10 \times 6,000 \times (1 - 0.2)$

$= 30,000 + 5 \times 6,000 \times 0.9 + 10 \times 6,000 \times 0.8$

$= 30,000 + 27,000 + 48,000$

$= 105,000$（円）

解答　C

風呂のリフォームをした。申込時に総額の $\dfrac{1}{6}$ を支払い，工事完了時に総額の $\dfrac{1}{6}$ を支払った。また，残額については 10 回に分けて，均等に支払った。このとき，残額の初回の支払額は総額のどれだけにあたるか。なお，分割払いの手数料などはまったくかからないものとする。

A $\quad\dfrac{1}{12}$ B $\quad\dfrac{1}{15}$ C $\quad\dfrac{1}{16}$

D $\quad\dfrac{1}{18}$ E $\quad\dfrac{1}{20}$

- 支払総額を 1 とする。
- たとえば申込時に総額の $\dfrac{1}{4}$ を支払うと，残りは $\dfrac{3}{4}$ となる。
- 残りの $\dfrac{3}{4}$ を 6 回で均等に支払った場合，
  各 1 回の支払額は，$\dfrac{3}{4} \div 6 = \dfrac{\overset{1}{3}}{4} \times \dfrac{1}{\underset{2}{6}} = \dfrac{1}{8}$ となる。

解き方

支払総額を 1 とする。申込時に総額の $\dfrac{1}{6}$ を支払い，工事完了時に

総額の $\dfrac{1}{6}$ を支払うと，残りは，$1 - \left(\dfrac{1}{6} + \dfrac{1}{6} \right) = \dfrac{2}{3}$

残額 $\dfrac{2}{3}$ を 10 回に分けて均等に支払うと，各 1 回の支払額は

$\dfrac{2}{3} \div 10 = \dfrac{\overset{1}{2}}{3} \times \dfrac{1}{\underset{5}{10}} = \dfrac{1}{15}$

解答　B

確認

　このタイプの問題は，支払総額を 1 とするところに特徴があります。後に登場する「仕事算」も全体を 1 とするので，この点では共通しています。

3…料金の割引・精算・分割払い　**11**

練習問題 料金の割引・精算・分割払い

コーチ

本問は「料金の精算」に関する問題である。このタイプの問題の場合，まず総費用を求めることである。
そして，大半の問題はそれを割り勘にするというものである。

1. W，X，Yの3人が1泊2日で，箱根に旅行に行った。宿泊代の62,000円はWが支払い，レンタカー代・ガソリン代・高速料金の39,000円はXが支払った。また，昼食代などの諸経費13,000円はYが支払った。
3人で割り勘にするとき，Yはだれにいくら支払えばよいか。

    A   Wに23,000円，Xに2,000円
    B   Wに24,000円，Xに1,000円
    C   Wだけに23,000円
    D   Wに23,000円，Xに3,000円
    E   Wに24,000円，Xに2,000円

アシスト

20人を超す団体であっても，20人までについては団体割引はきかない。21人目以降に対して，団体割引がきく。

2. あるマンモス大学の美術部で博物館に行くことになった。博物館の入館料はひとり1,300円であるが，20人を超す団体の場合，20人を超えた分について，ひとり当たり500円の割引になる。このとき，38人が博物館に行くとすると，入館料の総額はいくらになるか。

    A   38,800円   B   39,200円   C   39,600円
    D   40,000円   E   40,400円

アシスト

第1回目は $\frac{1}{5}$ 支払っている。

3. 住宅ローンを組んで，家をリフォームすることにした。ローンの申込時に第1回目として総額の $\frac{1}{5}$ を支払い，残額を60回の均等払いとした。このとき，第26回目の支払いを終えた時点で，支払済み額は総額のどれだけにあたるか。なお，分割払いの手数料などはかからないものとする。

    A $\frac{4}{5}$ B $\frac{5}{7}$ C $\frac{5}{8}$
    D $\frac{7}{12}$ E $\frac{8}{15}$

解答・解説　料金の割引・精算・分割払い

1. 解答　B

1泊2日で箱根旅行に行った際の総費用を求める。

W→	62,000 円
X→	39,000 円
Y→	13,000 円
	114,000 円

3人で割り勘にすると，ひとり当たりの負担額は，114,000 ÷ 3 = 38,000（円）

したがって，YはWに，62,000 − 38,000 = 24,000（円）を支払う。

YはXに，39,000 − 38,000 = 1,000（円）を支払う。

2. 解答　E

「20人を超えた分について，ひとり当たり500円割引」ということは，20人までは通常料金で，21人目以降が割引対象になるということ。

よって，38人で行く場合，20人が通常料金で，18人が割引の対象となる。

20人→通常料金　　∴ 20 × 1,300 = 26,000……①

18人→500円の割引　∴ 18 ×（1,300 − 500）= 14,400……②

①＋②より，26,000 + 14,400 = 40,400（円）

3. 解答　E

支払総額を1とする。ローンの申込時に第1回目として総額の$\frac{1}{5}$を支払っているので，残額は$1 - \frac{1}{5} = \frac{4}{5}$。そして，残額$\frac{4}{5}$を60回の均等払いとするので，毎回の支払額は

$\frac{4}{5} ÷ 60 = \frac{4}{5} × \frac{1}{60} = \frac{1}{75}$　よって，26回目を支払うと，$\frac{1}{75} × 25 = \frac{1}{3}$となる。

以上より，26回目の支払いを終えた時点での支払済み額は，

$\frac{1}{5} + \frac{1}{3} = \frac{3}{15} + \frac{5}{15} = \frac{8}{15}$

4 鶴亀算

● 例 題 ①

鶴と亀が合わせて14匹いて，足の数は合計で46本ある。このとき，鶴は何匹いるか。

A 4匹   B 5匹   C 6匹
D 7匹   E 8匹

Point

・鶴と亀が合わせて14匹いるとき，14匹全部が亀と考えてみる。

・すると亀の足は4本なので，足の数は4×14＝56（本）。

・しかし，実際には足の数は合計46本。
　56－46＝10（本）←10本減らす必要がある。

> まずは全部が
> 🐢と考える

別 解

14匹全部が鶴と考えると，14×2＝28（本）。

しかし，実際には足の数は合計46本であるので，46－28＝18（本）。

つまり鶴から亀に変身させることで，足の数を18本増やさなくてはなりません。

よって，18÷（4－2）＝18÷2＝9（匹）。

以上より，亀は9匹，鶴は5匹。

解 き 方

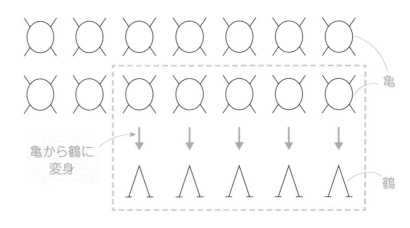

亀から鶴に変身することで，10本減る。

以上より，10÷（4－2）＝10÷2＝5（匹）

解答 B

例 題 ②

ある親子会で動物園に行った。大人と子ども合わせて20人で行き，入場料の合計は7,200円だった。大人の入場料が600円，子どもの入場料が200円であったとき，子どもは何人いたことになるか。

A	10人	B	11人	C	12人
D	14人	E	15人				

・問題文を読んだとき，自分の解きやすい方法で解けばよい。要は，正しい答えが出ればそれでよい。

・本問は鶴亀算でも解けるが，xとyを使って解くことに慣れている人はこれを使うとよい。

> 解きやすいのはやっぱり，xとy

解 き 方

大人の人数をx（人），子どもの人数をy（人）とすると，題意より次式が成立する。

$$x + y = 20 \cdots\cdots ①$$
$$600x + 200y = 7{,}200 \cdots\cdots ②$$

①より，$x = 20 - y \cdots\cdots ①'$

①を②に代入すると，

$$600 \times (20 - y) + 200y = 7{,}200$$
$$12{,}000 - 600y + 200y = 7{,}200$$
$$400y = 4{,}800$$
$$\therefore y = 12 \,（人）$$

解答 C

注 意

わからないものをx，そして，もう1つのわからないものをyとおいたとき，与えられた条件から関係式を2つ立てないと，xとyを求めることはできません。

なお，xとyを必ず使わなくてはならないという決まりはなく，xとyの代わりに，aとb，mとn，などでもOKです。

別 解

20人全員が大人であるとすると，入場料の合計は，
$$20 \times 600 = 12{,}000 \,（円）$$
しかし，実際の入場料の合計は7,200円であるので，
$$12{,}000 - 7{,}200$$
$$= 4{,}800 \,（円）$$
また，大人の入場料は600円，子どもの入場料は200円であるので，
$$600 - 200 = 400 \,（円）$$
$$\therefore 4{,}800 \div 400 = 12 \,（人）$$

鶴亀算を使って解くのがメンドウと思ったら，大人の入場者数をa，大学生の入場者数をb，子どもの入場者数をcとおいて，関係式を3つ立てればよい。

1. ある映画の入場料は，大人2,000円，大学生1,500円，子ども1,000円である。ある日の大人，大学生，子どもの総入場者数は110名で，総入場料は180,000円であった。また，大人の入場者数は大学生のそれより10名多かった。このとき，大学生の入場者数は何名であったか。

A　20名　　　　B　30名　　　　C　40名

D　50名　　　　E　60名

2. あるラーメン屋では，正油ラーメン，塩ラーメン，みそラーメンの3種類のラーメンを販売しており，価格はそれぞれ600円，700円，800円である。

アシスト

みそラーメンの販売個数をx（個）とすると，正油ラーメンの販売個数は$2x$とおける。

(1) ×月×日の総売上は72,400円で，正油ラーメンの販売個数はみそラーメンのそれの2倍であった。総販売個数が107個であったとき，塩ラーメンは何個売れたか。

A　30個　　　　B　31個　　　　C　32個

D　34個　　　　E　35個

アシスト

みそラーメンの販売個数をxとおいて，塩ラーメンと正油ラーメンの販売個数をxで表せばよい。

(2) △月△日，塩ラーメンの販売個数はみそラーメンのそれの2倍であり，正油ラーメンの販売個数は塩ラーメンのそれの1.5倍であった。また，その日の総売上は104,000円であった。この日の正油ラーメンの売上げはいくらか。

A　44,400円　　B　45,000円　　C　45,600円

D　46,200円　　E　46,800円

解答・解説　鶴亀算

1.　解答　**C**

鶴亀算を使って解くと，以下のようになる。

「大人の入場者数は大学生のそれより10名多かった」と書かれているので，総入場者数110名はすべて子どもであったと考える。

すると，$110 \times 1,000 = 110,000$（円）

一方，実際の総入場料は180,000円なので，

　$180,000 - 110,000 = 70,000$（円）少ないことになる。

ここで，大人の入場者数は大学生のそれより10名多く，大人の入場料は2,000円なので，

　$10 \times (2,000 - \underline{1,000}) = 10,000$（円）
　　　　　　　↑—————— 子どもの入場料

よって，$70,000 - 10,000 = 60,000$（円）

この結果，大人と大学生の入場者数を同数として扱えるので，

　$(2,000 + 1,500) \div 2 = \underline{1,750}$（円）
　　　　　　　　　↑—————— 大人と大学生の平均入場料

したがって，$60,000 \div (1,750 - 1,000) = 80$（名）

　$\underline{80} \div 2 = 40$（名）
　↑—————— 大人と大学生の入場者数を合計したもの

以上より，大学生の入場者数は40名となる。

（大人のそれは$40 + 10 = 50$（名），子どものそれは$110 - 40 - 50 = 20$（名））

2.　解答　(1)**C**　(2)**E**

(1)みそラーメンの販売個数をx（個）とすると，正油ラーメンのそれは$2x$となる。よって，塩ラーメンの販売個数をy（個）とすると，$x + 2x + y = 107$……①

　　また，$600 \times 2x + 700 \times y + 800 \times x = 72,400$……②

　①より，$y = 107 - 3x$……①′

　①′を②に代入すると，$1,200x + 700 \times (107 - 3x) + 800x = 72,400$

　これを解くと，$x = 25$……③

　③を①′に代入すると，$y = 107 - 3 \times 25 = 32$（個）

(2)みそラーメンの販売個数をx（個）とすると，題意より次式が成立する。

　$800x + 700 \times 2x + 600 \times 2x \times 1.5 = 104,000$

　　　　　$800x + 1,400x + 1,800x = 104,000$

　　　　　　　　　　$4,000x = 104,000$　$\therefore x = 26$

　したがって，正油ラーメンの売上額は，

　$600 \times 2x \times 1.5 = 600 \times 3x = 600 \times 3 \times 26 = 46,800$（円）

5 速さ・距離・時間

例題 1

地点Xから地点Yまで行くのに，兄は自転車で毎時12km，弟は徒歩で毎時4kmの速さで，同時に地点Xを出発したところ，兄のほうが3時間早く地点Yに着いた。地点XからYまでの距離はいくらか。

A 18km   B 20km   C 24km

D 28km   E 30km

$$時間 = \frac{距離}{速さ}, \quad 距離 = 速さ \times 時間, \quad 速さ = \frac{距離}{時間}$$

求めるものを x とおく。

速さは「毎時〜km」「毎分〜m」などと表される。

確 認

与えられた条件をもとに式を立てないと，基本的に問題は解けません。式を立てる場合，不等号を使うこともありますが，基本は等号を使います。

等号を使う場合，"時間の関係"に着目するか，それとも"距離の関係"，"速さの関係"に着目するかです。どこに着目するのか，問題文から，決める必要があります。

解 き 方

地点XからYまでの距離を x（km）とおくと，兄と弟が地点XからYまで行くのに要した時間を次のように表すことができる。

兄の所要時間……$\dfrac{x}{12}$　　弟の所要時間……$\dfrac{x}{4}$

兄のほうが地点Yに3時間早く到着したので，次式が成立する。

$$\frac{x}{12} + 3 = \frac{x}{4}$$

両辺に12をかけると

$$12 \times \frac{x}{12} + 12 \times 3 = 12 \times \frac{x}{4}$$

$$x + 36 = 3x$$

$$2x = 36$$

$$x = 18$$

解答　A

地点Xと地点Yの間を自動車で往復するのに，行きは毎時50km，帰りは毎時40kmの速さで走ったら，帰りの時間は行きの時間より36分多くかかった。このとき，行きにかかった時間はいくらか。

A	2時間12分	B	2時間16分	C	2時間18分
D	2時間20分	E	2時間24分		

単位をそろえること。

100kmの距離を，自動車で毎時50kmの速さで走ると，

所要時間は，$\dfrac{100}{50}=2$（時間）

1,200mの距離を，毎分80mの速さで歩くと，

所要時間は，$\dfrac{1,200}{80}=15$（分）

解き方

地点X〜Y間の距離をx（km）とおくと，

行きに要した時間は $\dfrac{x}{50}$ （時間）

帰りに要した時間は $\dfrac{x}{40}$ （時間）

帰りの時間は行きの時間より36分多くかかったことから，次式が成立する。

$\dfrac{x}{40}-\dfrac{x}{50}=\dfrac{36}{60}$（○）　　$\dfrac{x}{40}-\dfrac{x}{50}=36$（×）

$\dfrac{x}{40}-\dfrac{x}{50}=\dfrac{3}{5}$

両辺に200をかけると

$5x-4x=120$

$\therefore x=120$

以上より，求めるものは，$\dfrac{120}{50}=2.4$

$60\times0.4=24$（分）　　よって，2時間24分

解答　E

注意

速さが毎時50km，毎時40kmというように，キロメートルで表してある場合，距離も（〜km）としなければ，$\dfrac{距離}{速さ}$から（時間）を求めることはできません。

たとえば，1,000kmの距離を毎時100kmで走ったとき，所要時間は10時間となりますが，$1,000\div100=10$（時間）が成立するのは，単位がそろえてあるからです。

速さ・距離・時間

1. ある人が地点XとYの間を，行きは毎時6km，帰りは毎時4kmの速さで歩いたら，2時間かかった。XとYの間の距離はいくらか。

    A 4.4km   B 4.8km   C 5.2km

    D 5.6km   E 6.0km

コーチ

左辺と右辺とを等しくするためには，何を使えばよいか考える。時間，距離，速さのいずれかだ。

2. 妹が毎分70mの速さで歩いて家を出た。妹が家を出てから6分後に，父が自転車で毎分210mの速さで妹を追いかけた。父が妹に追いつくのは，父が家を出てから何分後か。

    A 1分後   B 1.5分後   C 2分後

    D 2.5分後   E 3分後

アシスト

予定した時間をx（時間）とおいてみる。

3. 徒歩で地点Xから地点Yまで行くのに，時速4kmで行くと予定した時間より15分多くかかり，時速5kmで行くと予定した時間より15分短縮される。地点XとYの距離はいくらか。

    A 8km   B 10km   C 12km

    D 14km   E 16km

コーチ

頂上で1時間休んだことは，問題を解く上で，無関係である。

4. ある山のふもとから山頂まで毎分30mの速さで上り，頂上で1時間休んだ後，同じ道を山頂からふもとまで毎分50mの速さで下った。上りに要した時間は下りに要した時間より20分多かった。このとき，ふもとから山頂までの距離は何kmか。

    A 1.5km   B 2km   C 2.5km

    D 3km   E 4km

アシスト

S町から峠までの距離を$x$km，峠からT町までの距離を$y$kmとする。

5. ある人がS町から峠を越えて15km離れたT町へ行った。S町から峠までは毎時3km，峠からT町までは毎時5kmの速さで歩いて，3時間40分かかった。峠からT町までの距離はいくらか。

    A 7km   B 8km   C 9km

    D 10km   E 11km

1. 解答　**B**

地点 X と Y の間の距離を x（km）とすると，次式が成立する。

$$\frac{x}{6}+\frac{x}{4}=2 \qquad 2x+3x=24 \qquad 5x=24 \qquad x=4.8$$

2. 解答　**E**

父が妹に追いついた地点において，父が自転車で進んだ距離と，妹が歩いた距離は等しくなる。父が家を出てから，妹に追いつくまでの時間を x（分）とすると，次式が成立する。

$$210 \times x = 70 \times (6+x) \qquad 140x=420 \qquad \therefore x=3$$

3. 解答　**B**

予定した時間を x（時間）とすると，題意より次式が成立する。

$$4 \times \left(x+\frac{1}{4}\right)=5 \times \left(x-\frac{1}{4}\right), \quad 4x+1=5x-\frac{5}{4} \quad \therefore x=\frac{9}{4}$$

求めるものは，$4 \times \left(\dfrac{9}{4}+\dfrac{1}{4}\right)=4 \times \dfrac{10}{4}=10$（km）

4. 解答　**A**

ふもとから山頂までの距離を x（m）とすると，次式が成立する。

$$\frac{x}{30}=\frac{x}{50}+20 \qquad 5x=3x+3,000$$

$$2x=3,000 \qquad \therefore x=1,500 \text{（m）}$$

これを km に直すと，$x=1.5$

5. 解答　**D**

S 町から峠までの距離を x（km），峠から T 町までの距離を y（km）とすると，次の 2 式が成立する。

$$x+y=15 \cdots\cdots① \qquad \frac{x}{3}+\frac{y}{5}=3\frac{40}{60} \cdots\cdots②$$

②より，$5x+3y=55 \cdots\cdots②'$ 　　①×3 より，$3x+3y=45 \cdots\cdots①'$

$②'-①'$ より，$2x=10 \qquad \therefore x=5 \cdots\cdots③$

③を①に代入すると，$5+y=15 \qquad \therefore y=10$

6 流水算, 旅人算

・・・・・・・・・・・・例 題 ①・・・・・・・・・・・・

X地点の下流にY地点があり，XY間は30kmである。また，川の流速は2km/時である。静水を毎時20km/時で走るボートで，Y地点からX地点に行くのに何時間かかるか。

A　1時間10分　　　B　1時間20分　　　C　1時間30分

D　1時間40分　　　E　1時間50分

 流れのあるもの（流水など）の上を運動するとき，

・上るときの速さ＝静水上の速さ－流れの速さ

・下るときの速さ＝静水上の速さ＋流れの速さ

確 認

　流水算とは，一定の速さで流れている川をボートなどで上ったり，下ったりするときの時間などを求める問題のことです。

　ここでのカギは，上りと下りの速さが川の流速により異なること。よって，流水算を解く場合，まずは川の流速に注目することです。

解 き 方

X地点が上流，Y地点が下流にあるので，川を上ることになる。

　　上るときの速さ＝静水上の速さ－流れの速さ

　　　静水上の速さ＝20km/時

　　　　流れの速さ＝2km/時

よって，上るときの速さ＝20－2＝18

XY間の距離は30kmであるので，

Y地点からX地点に行くのに要する時間は，

$$\frac{30}{18} = 1\frac{12}{18} = 1\frac{2}{3} \ （時間）$$

$$\frac{2}{3} \times 60 \ （分）= 40 \ （分）$$

$$\therefore \quad 1\frac{2}{3} \ （時間）\rightarrow 1時間40分$$

解答　　D

1周15kmの道路がある。M君とN君の2人が反対方向に走ると30分ごとに出会い，同じ方向に走るとM君は1時間30分ごとにN君を追い越す。このとき，M君の速さはいくらか。

| A | 14km／時 | B | 15km／時 | C | 16km／時 |

| D | 18km／時 | E | 20km／時 |

速さの異なるもの（人など）が運動するとき，
- M，Nの2人の進行方向が同じ場合，
  MN間の距離＝（Mの速さ－Nの速さ）×時間
- M，Nの2人の進行方向が反対の場合，
  MN間の距離＝（Mの速さ＋Nの速さ）×時間

解き方

Mの速さを m（km／時），Nの速さを n（km／時）とする。

反対方向に走った場合，$(m + n) \times \dfrac{30}{60} = 15$ ……①

同じ方向に走った場合，$(m - n) \times 1\dfrac{30}{60} = 15$ ……②

①の両辺に60をかけると，

$$(m + n) \times 30 = 900$$
$$30m + 30n = 900 \cdots①'$$

②の両辺に60をかけると

$$(m - n) \times 90 = 900$$
$$90m - 90n = 900 \cdots②'$$

①′×3－②′

$$\begin{array}{r} 90m + 90n = 2{,}700 \\ -)\ \ 90m - 90n = 900 \\ \hline 180n = 1{,}800 \\ n = 10 \cdots③ \end{array}$$

③を①′に代入すると，

$$30m + 30 \times 10 = 900$$
$$30m = 600$$
$$m = 20$$

解答　E

確　認

　旅人算とは，2人が出会う場合，あるいは一方の人が他方の人を追いかける場合などを扱った問題のことをいいます。

　流水算と同様，旅人算においても速さが問題を解くときのカギとなります。2人のそれぞれの速さを加算するのか，それとも減算するのかがポイントです。

練習問題　流水算, 旅人算

アシスト

ST間の距離を ℓ (km) とする。

1. 静水を時速40kmで走る船で, 上流のS地点から下流にあるT地点まで行って帰ってくる。行きは20分, 帰りは30分を要した。川の流れは時速何kmか。

 A 5km/時 B 6km/時 C 7km/時

 D 8km/時 E 9km/時

コーチ

1時間の間に, 両者の間の距離がどれだけ縮まっているかを考えてみよう。

2. 下図のように, 3つの町K, L, Mがある。KL間の距離は27kmである。今, 会社の同僚の甲, 乙の2人が, 甲は毎時10kmの速さで, K町を出てL町を経て, M町に向かった。一方, 乙は毎時4kmの速さで, L町を出てM町に向かった。甲, 乙が同時に出発したとき, 甲が乙に追いつくのは, 甲が出発してから何時間後か。

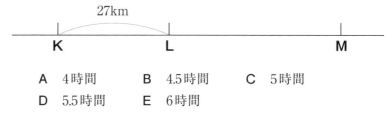

 A 4時間 B 4.5時間 C 5時間

 D 5.5時間 E 6時間

コーチ

「150km上る時間と300km下る時間が等しい」に注目。

3. 600km離れた2地点間を川に沿ってボートで往復するのに30時間かかった。同じ川をこのボートで150km上る時間と300km下る時間とが等しいとき, このボートの静水での速さは時速何kmか。

 A 30km/時 B 35km/時 C 40km/時

 D 45km/時 E 50km/時

アシスト

2地点間の距離を ℓ (km) とする。

4. 静水での速さが時速30kmであるボートが, 流速が一定の川の2地点を往復しており, 2地点の上りと下りの所要時間の比が2：1であるという。このとき, 川の流速は時速何kmか。

 A 3km/時 B 5km/時 C 6km/時

 D 8km/時 E 10km/時

解答・解説　流水算, 旅人算

1. 解答　D

川の流速を x（km/時），ST間の距離を ℓ（km）とする。

$$\frac{\ell}{40 + x} = \frac{20}{60} \cdots\cdots① \qquad \frac{\ell}{40 - x} = \frac{30}{60} \cdots\cdots②$$

①より，$\ell = \frac{1}{3}(40 + x) \cdots\cdots①' \qquad$ ②より，$\ell = \frac{1}{2}(40 - x) \cdots\cdots②'$

①'と②'より，$\frac{1}{3}(40 + x) = \frac{1}{2}(40 - x) \qquad 2x + 3x = 120 - 80$

$$5x = 40 \qquad \therefore x = 8$$

2. 解答　B

甲と乙の間の距離は次のように表すことができる。

　　　甲乙間の距離＝（甲の速さ−乙の速さ）×時間

甲乙間の距離は当初，27kmである。また，甲の速さは10km/時，
乙の速さは4km/時であることから，時間を t とすると，

$$27 = (10 - 4) \times t$$
$$6t = 27 \qquad \therefore t = 4.5$$

3. 解答　D

ボートの静水での速さを x（km/時），流れの速さを y（km/時）とする。

$$\frac{600}{x + y} + \frac{600}{x - y} = 30 \cdots\cdots① \qquad \frac{300}{x + y} = \frac{150}{x - y} \cdots\cdots②$$

②より，$300(x - y) = 150(x + y) \qquad$ これを解くと，$x = 3y \cdots\cdots③$

③を①に代入すると，$\frac{600}{4y} + \frac{600}{2y} = 30$

これを解くと，$y = 15 \qquad \therefore x = 45$

4. 解答　E

川の流速を x（km/時），2地点間の距離を ℓ（km）とする。

$$\frac{\ell}{30 - x} : \frac{\ell}{30 + x} = 2 : 1 \qquad \frac{\ell}{30 - x} = \frac{2\ell}{30 + x}$$

$$30 + x = 2(30 - x) \qquad 30 + x = 60 - 2x$$

$$3x = 30 \qquad \therefore x = 10$$

7 植木算, 仕事算

例 題 1

240mの道の片側にいちょうの木を植えるとき，間隔を15mにした場合，いちょうの木は何本必要になるか。

A 14本   B 15本   C 16本

D 17本   E 18本

P_{oint}

・右のように数字を小さくして考えてみる。
・直線上に植木する場合，木の数は
　木と木の間隔より <u>1本多くなる。</u>

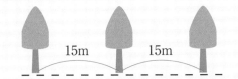

15m   15m

確 認

植木算の大前提は等間隔
　植木算の大部分の問題は等間隔であるので，基本は距離を間隔で割ればよいのです。そして，その後，「1」を足すか，足さないかを考えます。
　直線上に植える場合は「1」を足し，それ以外は足しません。

解 き 方

上の図を見るとわかるように，長さ30mの道に，15m間隔で植木した場合，木の数は3本必要になる。30÷15＋1＝3
　つまり，距離÷間隔＋1となる。
　このプラス「1」が植木算の基本的特徴である。

したがって，距離が240mで，間隔が15mであるので，求めるものは，
　　240÷15＋1＝16＋1＝17（本）

解答　D

類題

直線で500mの並木道に，さくらの木が20m間隔で植えてあるが，両側にはくいが立っている。このとき，さくらの木は何本あるか。

　　500÷20＋1－2＝25＋1－2＝24（本）

例題②

ある仕事を甲が1人ですれば6日かかり、乙が1人ですれば8日かかる。この仕事を甲、乙、丙の3人ですれば3日ですむという。丙が1人でこの仕事を行うと何日かかるか。

A 12日　　　　B 16日　　　　C 18日

D 20日　　　　E 24日

全体の仕事量を1とする。

単位時間にできる仕事量 $= \dfrac{1}{\text{要した日数（時間）}}$

解き方

全体の仕事量を1とすると、

甲の1日の仕事量は $\dfrac{1}{6}$

乙の1日の仕事量は $\dfrac{1}{8}$

丙の1日の仕事量は $\dfrac{1}{x}$ とすると、題意より、

$$\left(\dfrac{1}{6} + \dfrac{1}{8} + \dfrac{1}{x} \right) \times 3 = 1$$

$$\dfrac{3}{6} + \dfrac{3}{8} + \dfrac{3}{x} = 1$$

両辺に $24x$ をかけると

$$12x + 9x + 72 = 24x$$

$$3x = 72$$

$$x = 24$$

したがって、丙の1日の仕事量は $\dfrac{1}{24}$ となる。

解答　E

確認

　ある仕事を完成するのに20時間かかるとします。このとき、3時間働いたとすると、その仕事の全体量を1としたとき、3時間の仕事量は $\dfrac{3}{20}$ と表すことができます。

　つまり、全体を「1」とするわけですが、仕事算の問題の場合、何が全体であるかをしっかり把握することが大切です。

植木算, 仕事算

コーチ

「最低何本必要か」という問題の場合, 最大公約数を使う。なお, 正方形, 長方形などの場合, 直線と異なり, 最後のプラス「1」は不要となる。

1. 縦40m, 横70mの土地を購入した。次の条件で土地の周りにくいを打つとき, くいは何本必要か。

　・4〜6mの間隔で, 等間隔に打つ。

　・土地の4隅に必ずくいを打つ。

A　44本　　　　B　45本　　　　C　46本

D　47本　　　　E　48本

コーチ

円は直線ではない。

2. ある湖の周りは, 自動車で時速45kmで走って, 40分かかる。この湖の周りに, 電灯を50mごとに立てる場合, 電灯はいくつ必要になるか。

A　400本　　　B　401本　　　C　600本

D　601本　　　E　800本

アシスト

プールの満水時の水量を1とする。

3. あるホテルのプールには, RとSの2つの給水管がある。R管を2時間, S管を4時間使うと, プールを満水にできる。また, R管を1時間, S管を6時間使うことによってもプールを満水にできる。このとき, R管を3時間使うと, S管を何時間使えば満水にできるか。

A　1時間　　　B　$1\frac{1}{2}$時間　　　C　2時間

D　$2\frac{1}{2}$時間　　　E　3時間

アシスト

1つの窓口で処理できる人数をx(人/分)とする。

4. 博物館の窓口でチケットを売るのに, 発売開始前に90人が列をつくり, 発売開始後も毎分6人ずつが新たに列に加わった。1つの窓口では, 列がなくなるまでに30分かかった。窓口を2つにした場合, 列は何分でなくなるか。

A　$6\frac{3}{4}$分　　　B　$7\frac{1}{4}$分　　　C　$7\frac{1}{2}$分

D　$7\frac{3}{4}$分　　　E　$8\frac{1}{4}$分

1. 解答 A

40と70の最大公約数を求める。右より，最大公約数は10。
よって，10mの間隔にくいを打つことになるが，これは条件の「4
〜6m」に不適となる。したがって，5m間隔にくいを打つことになる。

$$40 \div 5 = 8, \quad 70 \div 5 = 14$$

以上より，求めるものは，$8 + 14 + 8 + 14 = 44$（本）

$$
\begin{array}{r|rr}
2 & 40 & 70 \\
\text{⑤} & 20 & 35 \\
\hline
& 4 & 7
\end{array}
$$

2. 解答 C

新しいタイプの問題に出合った場合，問題文の数字を簡単な
ものにして考えてみるとよい。
右図は，湖の周囲が100mで，50mごとに電灯を立てたと考
えたものである。右図からわかるように電灯は2本となるの
で，$100 \div 50 = 2$（本）がそのまま答えとなる。

$$45 \times 1{,}000 = 45{,}000 \text{（m）}$$

$$45{,}000 \times \frac{40}{60} = 45{,}000 \times \frac{2}{3} = 30{,}000 \text{（m）}$$

$$30{,}000 \div 50 = 600 \text{（本）}$$

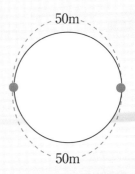

3. 解答 C

満水時の水量を1とする。また，R管とS管の1時間当たりの給水量をそれぞれr, sとすると，
題意より次式が成立する。

$$2r + 4s = 1 \cdots\cdots ①$$
$$r + 6s = 1 \cdots\cdots ②$$
$$\therefore s = \frac{1}{8}, \quad r = \frac{1}{4}$$

①−②×2より，

$$
\begin{array}{r}
2r + 4s = 1 \\
-)\ 2r + 12s = 2 \\
\hline
-8s = -1
\end{array}
$$

求めるものをxとすると，

$$\frac{1}{4} \times 3 + \frac{1}{8} \times x = 1 \qquad \therefore x = 2$$

4. 解答 C

1つの窓口で処理できる人数を毎分x人とする。題意より，

$$90 + 6 \times 30 = 30 \times x \qquad \therefore x = 9$$

窓口を2つにしたとき，列がなくなるのにy分要するものとする。

$$90 + 6y = y \times 9 \times 2 \qquad 90 + 6y = 18y$$
$$12y = 90 \qquad \therefore y = 7\frac{6}{12} = 7\frac{1}{2}$$

8 食塩水の濃度

・・・・・・・・ 例 題 1 ・・・・・・・・

5%の食塩水が600gある。これに，10%の食塩水を400g加えて，混ぜた。このとき，食塩水の濃度は何%になるか。

A　4%　　　　　　　B　5%　　　　　　　C　6%

D　7%　　　　　　　E　8%

Point

（食塩の重さ）＝（食塩水の重さ）×（濃度）
食塩水の問題では，食塩の重さに注目して，
式を立てるのがポイントである。
また，食塩水を混ぜたときの，
食塩水の重さにも注意しよう。

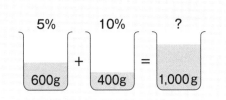

確 認

食塩水の濃度
$= \dfrac{食塩の重さ}{食塩水全体の重さ}$

　食塩水全体の重さとは，水の重さと食塩の重さとを合計したものです。
　たとえば，150gの水に50gの食塩を加えると，200gの食塩水ができあがり，その濃度は，

$\dfrac{50}{200} = 0.25$

つまり，食塩水の濃度は25%

解 き 方

5%の食塩水600gに入っている食塩の量は，
　　$600 \times 0.05 = 30$（g）

10%の食塩水400gに入っている食塩の量は，
　　$400 \times 0.1 = 40$（g）

したがって，これらを混ぜ合わせてできる食塩水に含まれている食塩の量は，
　　$30 + 40 = 70$（g）

また，2つの食塩水を混ぜたときにできる食塩水の量は，
　　$600 + 400 = 1,000$（g）

つまり，1,000（g）の食塩水の中に，食塩が70（g）含まれているので，求めるものは，

　　$\dfrac{70}{1000} = 0.07$　　つまり，7（%）

解答　D

8％の食塩水が240gある。これに20％の食塩水を何gか足して混ぜて，12％の食塩水をつくろうと思う。何g足せばよいか。

A　100g　　　　　B　110g　　　　　C　120g

D　140g　　　　　E　150g

求めるものをx（g）とおく。
20％の食塩水をx（g）足すと，
その食塩の量は，$x \times 0.2 = 0.2x$となる。
また，12％の食塩水の重さは
$(240 + x)$ gとなる。

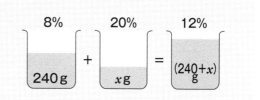

解き方

8％の食塩水240gに入っている食塩の量は，

$240 \times 0.08 = 19.2$（g）

20％の食塩水の量をx（g）とすると，これに入っている食塩の量は，

$x \times 0.2 = 0.2x$（g）

12％の食塩水の量は$(240 + x)$ gとなる。
よって，これに入っている食塩の量は，

$(240 + x) \times 0.12$（g）

混ぜる前の食塩水中の2つの食塩の量と，混ぜた後の食塩水中の食塩の量は同じであるので，次式が成立する。

$$19.2 + 0.2x = (240 + x) \times 0.12$$
$$19.2 + 0.2x = 28.8 + 0.12x$$
$$(0.2 - 0.12)x = 28.8 - 19.2$$
$$0.08x = 9.6$$
$$x = 120$$

解答　C

発展

5g

食塩

100g

上図のように100gの食塩水に，食塩だけを5g入れたとすると，この結果，食塩水の重さは105gとなります。つまり，食塩だけを入れた場合も，新しくできる食塩水の重さは増加します。

練習問題 食塩水の濃度

コーチ

「食塩の量」を中心に考え，式を立てる。

1. 4％の食塩水が100gある。これに，10％の食塩水を20g
加えて，混ぜた。このとき，食塩水の濃度は何％になるか。

    A 5%   B 6%   C 7%

    D 8%   E 9%

2. 6％の食塩水が200gある。これに，12％の食塩水を何gか
足して混ぜて，8％の食塩水をつくった。このとき，12％の食
塩水を何g足したことになるか。

    A 100g   B 120g   C 140g

    D 160g   E 180g

コーチ

水を加える前と後で，全体の食塩の量は変わらない。

3. 12％の食塩水が300gある。この食塩水に水を加えて，
10％の食塩水をつくるためには，水を何g加えればよいか。

    A 40g   B 50g   C 60g

    D 70g   E 80g

コーチ

水分を蒸発させる前と後で，全体の食塩の量は変わらない。

4. 8％の食塩水150gがある。これを熱して水分を蒸発させて
10％の食塩水をつくりたい。水を何g蒸発させたらよいか。

    A 10g   B 20g   C 30g

    D 40g   E 50g

コーチ

食塩だけを加えても，食塩水の重さは増加する。

5. 6％の食塩水が180gある。これに食塩を入れて10％の食塩
水をつくりたい。食塩を何g入れたらよいか。

    A 5g   B 6g   C 7g

    D 8g   E 9g

解答・解説　食塩水の濃度

1. 解答　**A**

	4％の食塩水	10％の食塩水	新しくできた食塩水
食塩水の量	100（g）	20（g）	100 + 20 = 120（g）
食塩の量	100 × 0.04 = 4（g）	20 × 0.1 = 2（g）	4 + 2 = 6（g）

よって，新しくできた食塩水の濃度 $= \dfrac{6}{120} = 0.05$　　つまり，5（％）

2. 解答　**A**

12％の食塩水を x（g）足したとすると，次式が成立する。

$$200 \times 0.06 + x \times 0.12 = (200 + x) \times 0.08$$
$$12 + 0.12x = 16 + 0.08x$$
$$0.04x = 4 \quad \therefore x = 100$$

3. 解答　**C**

12％の食塩水に，水を x（g）加えるとすると，次式が成立する。

$$300 \times 0.12 = (300 + x) \times 0.1$$
$$36 = 30 + 0.1x$$
$$0.1x = 6 \quad \therefore x = 60$$

4. 解答　**C**

水を x（g）蒸発させるとすると，次式が成立する。

$$150 \times 0.08 = (150 - x) \times 0.1$$
$$12 = 15 - 0.1x$$
$$0.1x = 3 \quad \therefore x = 30$$

5. 解答　**D**

食塩を x（g）入れるとすると，次式が成立する。

$$180 \times 0.06 + x = (180 + x) \times 0.1$$
$$10.8 + x = 18 + 0.1x$$
$$0.9x = 7.2 \quad \therefore x = 8$$

9 損益算

ある商品に原価の30%の利益を見込んで定価をつけたところ，売れなかったので定価の1割引きで売り，340円の利益を得た。このとき，原価はいくらであったか。

  A 1,500円 **B** 1,600円 **C** 1,800円

  D 2,000円 **E** 2,400円

・原価A円で，そのP%の利益を見込んで，定価をB円とした場合，

$$B = A + A \times \frac{P}{100} = A\left(1 + \frac{P}{100}\right)$$

・定価B円で，そのq%引きで，売価をC円とした場合，

$$C = B - B \times \frac{q}{100} = B\left(1 - \frac{q}{100}\right)$$

確認

$1\% = \dfrac{1}{100}$

$1割 = 10\% = \dfrac{10}{100} = \dfrac{1}{10}$

$10割 = 100\% = \dfrac{100}{100}$

$\qquad = \dfrac{1}{1} = 1$

5%を分数で表すと，

$\dfrac{5}{100} = \dfrac{1}{20}$

5割を分数で表すと，

$\dfrac{50}{100} = \dfrac{1}{2}$

解き方

原価をx円とすると，これに30%の利益を見込んで定価をつけると，

定価 $= x \times \left(1 + \dfrac{30}{100}\right) = x \times (1 + 0.3) = 1.3x$

定価の1割引きで売ると売価は，

売価 $= 1.3x - 1.3x \times \dfrac{10}{100} = 1.3x\left(1 - \dfrac{1}{10}\right) = 1.3x \times 0.9 = 1.17x$

利益が340円であったので，次式が成立する。

売価 − 原価 = 利益

$\quad 1.17x - x = 340$

$\qquad\quad 0.17x = 340$

$\qquad\quad \therefore x = 2,000（円）$

解答 D

例 題 ②

定価が3,200円の商品を2割5分引きで売ったため，利益は原価の2割となった。このとき，原価の何%の利益を見込んで定価をつけていたことになるか。

　　A　40%　　　　　　　B　50%　　　　　　　C　60%

　　D　70%　　　　　　　E　80%

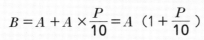

原価 A 円で，その P 割の利益を見込んで，定価を B 円とした場合，

$$B = A + A \times \frac{P}{10} = A \left(1 + \frac{P}{10}\right)$$

この定価 B 円を q 割引きで売っても，原価の r 割の利益があがるようにするためには，次式が成立する必要がある。

$$B \times \left(1 - \frac{q}{10}\right) = A \times \left(1 + \frac{r}{10}\right)$$

解 き 方

原価を x（円）とすると，題意より，次式が成立する。

$$3,200 \times (1 - 0.25) = x \times (1 + 0.2)$$
$$3,200 \times 0.75 = 1.2x$$
$$1.2x = 2,400$$
$$\therefore x = 2,000 \text{（円）}$$

原価2,000円の商品に y 割の利益を見込んで定価をつけたとすると，次式が成立する。

$$2,000 \times \left(1 + \frac{y}{10}\right) = 3,200$$
$$2,000 + 200y = 3,200$$
$$200y = 1,200$$
$$\therefore y = 6$$

つまり，6割

6割＝60%であることから，求めるものは60%

解答　C

確 認

原価と定価の関係

　原価とは，他社から商品を購入した際の価格のことで，仕入原価ともいいます。

　各社とも利益をあげることを目的に企業活動しており，原価に何らかの上乗せをすることで利益を得ています。

　原価＋上乗せ分（利益）
　　＝定価

　しかし，定価で販売して売れ行きが悪い場合，各社とも値下げを行うことになります。

練習問題 | 損益算

コーチ

原価を x (円) として，定価を x を使って表してみよう。

1. ある商品に原価の8割増しの定価をつけたが売れなかったので，定価の1,200円引きで売ったところ，利益は原価の4割となった。このとき，原価はいくらか。

A	3,000円	B	3,600円	C	4,000円
D	4,200円	E	4,600円		

コーチ

品物Xの定価を x (円)，品物Yの定価を y (円)とする。

2. X，Yの2つの品物の定価は合計で10,000円であったが，Xは3割引き，Yは1割5分引きにしてもらったので，合計で7,450円支払うことになった。Xの定価はいくらか。

A	5,800円	B	6,000円	C	6,400円
D	7,000円	E	7,200円		

コーチ

定価200円の商品を100個売ると，売上額は，200×100＝20,000（円）となる。

3. 商品を仕入れ，原価の3割の利益を得る予定で定価を決め，それを1,000個売却して合計1,500,000円の利益を得るつもりであった。しかし実際には，定価の1割引きで1,000個売ったため，利益は合計850,000円となった。このとき，商品の1個の原価はいくらか。

A	4,600円	B	5,000円	C	5,400円
D	6,000円	E	6,500円		

解答・解説　損益算

1. 解答　**A**

原価を x（円）とすると，題意より次式が成立する。

$$\left\{ x \times \left(1 + \frac{8}{10}\right) - 1{,}200 \right\} - x = x \times \frac{4}{10}$$

$$1.8x - 1{,}200 - x = 0.4x$$

$$0.4x = 1{,}200$$

$$\therefore x = \frac{1{,}200}{0.4} = 3{,}000 \ \text{（円）}$$

2. 解答　**D**

品物Xの定価を x（円），品物Yの定価を y（円）とすると，題意より次式が成立する。

$$\begin{cases} x + y = 10{,}000 \cdots\cdots (1) \\ x \times (1 - 0.3) + y \times (1 - 0.15) = 7{,}450 \cdots\cdots (2) \end{cases}$$

(2) より，$0.7x + 0.85y = 7{,}450 \cdots\cdots (2)'$

(1) より，$x = 10{,}000 - y \cdots\cdots (1)'$

(1)′を (2)′に代入すると，

$$0.7 \times (10{,}000 - y) + 0.85y = 7{,}450$$

$$7{,}000 - 0.7y + 0.85y = 7{,}450$$

$$0.15y = 450$$

$$\therefore y = 3{,}000 \cdots\cdots (3)$$

(3) を (1) に代入すると，

$$x + 3{,}000 = 10{,}000$$

$$\therefore x = 7{,}000$$

3. 解答　**B**

原価を x（円）とすると，題意より次式が成立する。

$$\begin{cases} x \times (1 + 0.3) \times 1{,}000 - x \times 1{,}000 = 1{,}500{,}000 \cdots\cdots (1) \\ x \times (1 + 0.3) \times (1 - 0.1) \times 1{,}000 - x \times 1{,}000 = 850{,}000 \cdots\cdots (2) \end{cases}$$

$$\begin{array}{r} \left\{ \begin{array}{l} 1{,}300x - 1{,}000x = 1{,}500{,}000 \cdots\cdots (1)' \\ 1{,}170x - 1{,}000x = 850{,}000 \cdots\cdots (2)' \end{array} \right. \\ \hline 130x = 650{,}000 \end{array}$$

$$\therefore x = 5{,}000 \ \text{（円）}$$

10 通過算

例題 ①

時速72kmで走る列車Rがある。この列車Rが，あるトンネルに入り始めてから出てしまうまで50秒かかった。また，列車Rの3倍の長さの列車Sが，速さを列車Rより毎秒5mあげて走ったとき，同じトンネルに入り始めてから出てしまうまでに，やはり50秒かかった。このトンネルの長さはいくらか。

- A　800m
- B　825m
- C　850m
- D　875m
- E　900m

Point

列車の長さを忘れないこと。

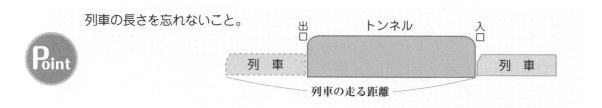

列車の走る距離

注意

通過算の問題の場合，時速～kmを秒速～mになおしたり，反対に，秒速～mを時速～kmになおす必要が出てきます。

たとえば，時速72kmを時速～mになおすと，72×1,000＝72,000。つまり，時速72,000m。これを分速～mになおすと，72,000÷60＝1,200。つまり，分速1,200m。分速1,200mを秒速～mになおすと，1,200÷60＝20。つまり，秒速20m。

解き方

列車Rの長さを x（m），トンネルの長さを y（m）とすると，次式が成立する。

$$\begin{cases} x + y = 72,000 \times \dfrac{1}{60} \times \dfrac{1}{60} \times 50 & \cdots\cdots① \\ 3x + y = \left(72,000 \times \dfrac{1}{60} \times \dfrac{1}{60} + 5\right) \times 50 & \cdots\cdots② \end{cases}$$

これを整理すると，

$$\begin{cases} x + y = 1,000 & \cdots\cdots①' \\ 3x + y = 1,250 & \cdots\cdots②' \end{cases}$$

①'－②'より

$$2x = 250 \qquad \therefore x = 125 \cdots\cdots③$$

③を①'に代入すると，

$$125 + y = 1,000$$
$$y = 875$$

解答　D

長さ200mの鉄橋を16秒で通過する列車がある。この列車が時速46.8km，長さ111mの列車とすれ違うとき，その先端に出合ってから，列車の後尾と後尾とがすれ違うまでに7秒かかった。この列車の長さはいくらか。

A	100m	B	110m	C	120m
D	130m	E	140m		

列車Mと列車Nが反対方向からすれ違う場合

$$通過時間 = \frac{M の長さ＋N の長さ}{M の速さ＋N の速さ}$$

列車Mが列車Nを追い越す場合

$$通過時間 = \frac{M の長さ＋N の長さ}{M の速さ－N の速さ}$$

解き方

列車の長さを ℓ（m），速さを v（m/秒）とすると，

$$200 + \ell = 16 \times v \cdots\cdots①$$

次に，時速46.8kmを秒速になおすと，$46.8 \times 1{,}000 \div 60 \div 60 = 13$（m/秒）となる。よって，一方の列車の速さは13（m/秒），列車の長さは111（m）となる。したがって，題意より次式が成立する。

$$\frac{\ell + 111}{v + 13} = 7 \cdots\cdots②$$

①より，$v = \dfrac{200 + \ell}{16}$ $\cdots\cdots③$

③を②に代入すると，

$$\frac{\ell + 111}{\dfrac{200 + \ell}{16} + 13} = 7 \qquad \frac{(\ell + 111) \times 16}{200 + \ell + 13 \times 16} = 7$$

$$\frac{16\ell + 1{,}776}{408 + \ell} = 7 \qquad 16\ell + 1{,}776 = 2{,}856 + 7\ell$$

$$\therefore 9\ell = 1080 \qquad \therefore \ell = 120$$

解答 C

アドバイス

図をかいてみる

わからないときは，下図のように図をかいてみるとよいでしょう。

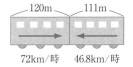

$120 + 111 = 231$（m）の距離を，時速118.8km（$72 + 46.8 = 118.8$）で走ることになります。

アシスト

電車の長さを ℓ (m) とおいて，立式してみる。

1. 電車が長さ480mの鉄橋を渡り終わるまでに35秒かかった。また，同じ電車が同じ速さで長さ822mのトンネルを通過し終わるのに54秒かかった。このとき，この電車の速さはいくらか。

- A　60.4km/時
- B　61.0km/時
- C　62.2km/時
- D　63.4km/時
- E　64.8km/時

コーチ

所要時間が「秒」で示されているので，時速72kmを秒速になおす必要がある。

2. 長さ100mの列車Kが，長さ200mの列車Lに追いついてから追い抜くまでに30秒かかる。また，長さ150mの列車Mが，同じく長さ200mの列車Lに追いついてから追い抜くまでに70秒かかる。列車Kの速さが時速72km/時のとき，列車Mの速さはいくらか。

- A　24km/時
- B　36km/時
- C　48km/時
- D　54km/時
- E　60km/時

アシスト

電車の速さを x (km/時)，電車の走る間隔を y (分) とおく。

3. 電車の線路ぞいの道を毎時4kmの速さで歩いている人がいる。この人が9分ごとに電車に追いこされ，6分ごとに向こうからくる電車に出合った。電車は等しい時間をあけて一定の速さで絶えず運転されている。このとき，電車の速さはいくらか。

- A　20km/時
- B　25km/時
- C　30km/時
- D　35km/時
- E　40km/時

アシスト

鉄橋の長さを ℓ (m)，列車の長さを y (m) とおく。

4. ある鉄橋を列車Kと列車Lが渡るのに，鉄橋に入り始めてから完全に抜けるまでに要する時間は列車Kの方が列車Lよりも15秒長い。また，列車全体が鉄橋の上に完全にのっている時間は列車Kの方が7秒長い。列車Kの速さが54km/時，列車Lの速さが72km/時で，それぞれの列車の長さが等しいとすると，鉄橋の長さはいくらか。

- A　600m
- B　620m
- C　640m
- D　660m
- E　680m

解答・解説　通過算

1. 　解答　E

電車の長さを ℓ（m），電車の速さを v（m/秒）とすると，次式が成立する。

$$\ell + 480 = 35v \cdots\cdots① \qquad \ell + 822 = 54v \cdots\cdots②$$

①－②より，$19v = 342$　　$v = 18$（m/秒）　これを時速になおすと，

$$v = 18 \times 60 \times 60 = 64{,}800 \text{（m/時）} = 64.8 \text{（km/時）}$$

2. 　解答　D

列車 K の速さが時速72km/時なので，これを秒速になおすと，$72 \times 1{,}000 \div 60 \div 60 = 20$（m/秒）。列車 L の速さを a（m/秒）とすると，次式が成立する。

$$\frac{100 + 200}{20 - a} = 30 \qquad 300 = 600 - 30a \qquad \therefore a = 10$$

次に，列車 M の速さを b（m/秒）とすると，次式が成立する。

$$\frac{150 + 200}{b - 10} = 70 \qquad 350 = 70b - 700 \qquad \therefore b = 15$$

$b = 15$（m/秒）を時速になおすと，$15 \times 60 \times 60 \div 1{,}000 = 54$（km/時）

3. 　解答　A

電車の速さを x（km/時），電車の走る間隔を y（分）とする。電車が y 分間に動く距離は，

同じ方向では，$\dfrac{x}{60} \times y = \dfrac{x}{60} \times 9 - \dfrac{4}{60} \times 9 \cdots\cdots①$

向かい合う方向では，$\dfrac{x}{60} \times y = \dfrac{x}{60} \times 6 + \dfrac{4}{60} \times 6 \cdots\cdots②$

①と②より $9x - 36 = 6x + 24$　　$\therefore x = 20$

4. 　解答　D

鉄橋の長さを ℓ（m），列車の長さを y（m）とする。時速54kmと時速72kmを秒速になおすと，秒速15m，秒速20mとなる。

$$\frac{\ell + y}{15} = \frac{\ell + y}{20} + 15 \cdots\cdots① \qquad \frac{\ell - y}{15} = \frac{\ell - y}{20} + 7 \cdots\cdots②$$

これらを整理すると，
$$\begin{array}{r} 5\ell + 5y = 4{,}500 \\ +)\ 5\ell - 5y = 2{,}100 \\ \hline 10\ell = 6{,}600 \\ \therefore \ell = 660 \end{array}$$

11 年齢算, 時計算, 平均

例題 1

現在, 父の年齢は, 娘の年齢の3倍より3歳若い。また, 14年後には, 父親の年齢は娘の年齢の2倍になる。現在の父親の年齢はいくつか。

A　44歳　　　　　　B　45歳　　　　　　C　46歳

D　47歳　　　　　　E　48歳

Point
親と子の年齢差はいつまでも変わらない。
5年, 10年と時が経過するにつれ, 親の年齢は子の年齢の4倍から3倍,
そして2倍というように, その比は変わっていく。

確認

年齢算を解く際のポイントは, 2つあります。
・1つは, 年齢差は何年経っても変わらないこと。
・もう1つは, 誰もが同じように年をとること。よって, 「x年後」といわれたとき, すべての者に「x」をプラスしなければなりません。子どもが3人いれば, $x + x + x = 3x$を加えることになります。

解き方

現在の娘の年齢をx, 現在の父親の年齢をyとすると,
次式が成り立つ。

$$y = 3x - 3 \quad\cdots\cdots ①$$

14年後には, 父親の年齢は娘の年齢の2倍になることから,
次式が成り立つ。

$$y + 14 = 2 \times (x + 14) \quad\cdots\cdots ②$$

①を②に代入すると,

$$3x - 3 + 14 = 2 \times (x + 14)$$
$$3x + 11 = 2x + 28$$
$$x = 17 \quad\cdots\cdots ③$$

③を①に代入すると,

$$y = 3 \times 17 - 3$$
$$= 48$$

解答　E

時計の針が1時30分を指している場合に，短針と長針のなす角度と，5時45分を指している場合に，短針と長針のなす角度との差は何度か。ただし，短針と長針のなす角度とは，それぞれの狭いほうの角度を指すものとする。

A 32.5° B 35.0° C 37.5°
D 40.0° E 42.5°

Point
長針は，1時間に360°回転するので，1分間に6°回転する。
短針は，1時間に30°回転するので，1分間に $\dfrac{1°}{2}$ 回転する。

解き方

まず，短針について考えてみる。

短針は，1時間に $\dfrac{360°}{12} = 30°$ 回転する。

よって，30分間には，$30° \div 2 = 15°$ 回転する。

時計の針が1時30分を指している場合（右上図），
短針と長針のなす角度は，
$$15° + 30° + 30° + 30° + 30° = 135°$$

短針は，1時間に30°回転する。
よって，45分間には，
$$30 \times \dfrac{45}{60} = 30 \times \dfrac{3}{4} = 22.5° 回転する。$$

したがって，時計の針が5時45分を指している場合（右図），短針と長針のなす角度は，
$$(30° - 22.5°) + 30° + 30° + 30° = 97.5°$$

以上より，求めるものは，$135° - 97.5° = 37.5°$

解答 **C**

 確 認

　長針は，1時間に1回転するので，360°回転します。よって，1分間に $\dfrac{360°}{60} = 6°$ 回転します。したがって，5分間で30°，10分間で60°，15分間で90°回転します。
　一方，短針は1分間に $\dfrac{1°}{2}$ 回転するので，5分間で $\dfrac{5°}{2}$，10分間で5°，15分間で $\dfrac{15°}{2}$ 回転します。

アシスト
男子の人数を x（人），女子の人数を y（人）とおく。

1. 男女合わせて40人のクラスで，国語のテストを行ったところ，男子の平均点は60点，女子の平均点は70点で，全員の平均点は64点であった。このとき，男子の人数は何人か。

   A 18人   **B** 20人   **C** 22人

   D 24人   **E** 26人

アシスト
x 年後の息子のそれぞれの年齢は，
 $9+x$, $7+x$, $1+x$。

2. 3人の息子を持つ母親がいる。母親が29歳のとき，息子の年齢は9歳，7歳，1歳であった。3人の息子の年齢の合計が母親の年齢と等しくなるのは何年後か。

   A 5年後   **B** 6年後   **C** 7年後

   D 8年後   **E** 9年後

アシスト
長針と短針のなす角度が $90°$ になるまでの時間を x（分）とする。

3. 時計の長針と短針が重なってから，短針と長針のなす角度が $90°$ になるまでの時間はいくらか。

   A $15\dfrac{2}{11}$分 **B** $15\dfrac{4}{11}$分 **C** $15\dfrac{7}{11}$分

   D $16\dfrac{2}{11}$分 **E** $16\dfrac{4}{11}$分

4. 現在，父は38歳で，母より4歳年上である。また現在，3人の子どもの年齢の和は父の年齢に等しい。父母の年齢の和と3人の子どもの年齢の和が等しくなるのは，何年後か。

   A 16年後   **B** 25年後   **C** 28年後

   D 30年後   **E** 34年後

5. ある書店で1日の文庫本の平均売上額は550円，他の単行本の平均売上額は1,200円であった。また，文庫本と他の単行本を合わせた平均売上額は800円で，他の単行本は50冊売れた。文庫本は何冊売れたか。

   A 70冊   **B** 75冊   **C** 80冊

   D 85冊   **E** 90冊

解答・解説　年齢算, 時計算, 平均

1. 解答　**D**

男子の人数を x（人），女子の人数を y（人）とする。

$$\begin{cases} x + y = 40 \cdots\cdots\text{①} \\ 60x + 70y = 40 \times 64 \cdots\cdots\text{②} \end{cases}$$

①と②より，$x = 24$，$y = 16$

2. 解答　**B**

x 年後に，3 人の息子の年齢の合計と母親の年齢が等しくなるとすると，次式が成立する。

$$29 + x = (9 + x) + (7 + x) + (1 + x)$$
$$29 + x = 17 + 3x$$
$$2x = 12 \qquad \therefore x = 6$$

3. 解答　**E**

長針は 1 分間に $6°$ 回転し，短針は 1 分間に $\dfrac{1°}{2}$ 回転する。

長針と短針のなす角度が $90°$ になるまでの時間を x（分）とすると，次式が成立する。

$$6x - \frac{1}{2}x = 90, \quad 12x - x = 180, \quad 11x = 180, \quad x = \frac{180}{11} = 16\frac{4}{11}\,(\text{分})$$

4. 解答　**E**

父母の年齢の和と 3 人の子どもの年齢の和が x 年後に等しくなるとする。

$$38 + (38 - 4) + x + x = 38 + x + x + x$$
$$38 + 34 + 2x = 38 + 3x$$
$$\therefore x = 34$$

5. 解答　**C**

文庫本が x（冊）売れたとすると，題意より次式が成立する。

$$\frac{550 \times x + 1{,}200 \times 50}{x + 50} = 800$$
$$550x + 60{,}000 = 800x + 40{,}000$$
$$250x = 20{,}000$$
$$\therefore x = 80$$

11…年齢算, 時計算, 平均　45

12 比, 割合

例題 ①

P組, Q組の人数の比は4：5で, 合計は81人である。また, P組の男子とQ組の女子の人数の比は3：4で, P組の女子の人数は, Q組の男子の人数より3人少ない。このとき, Q組の男子の人数は何人か。

A	16人	B	19人	C	20人
D	21人	E	22人

Point

$$a : b = c : d \iff ad = bc$$

$$a : b = c : d$$

確認

2つの数 a, b に対し, a の b に対する割合を $a : b$ で表します。そして, $\frac{a}{b}$ を比の値といいます。

$a : b = ka : kb$

また, 3つの数 a, b, c に対して, お互いの比をまとめて表したものを連比といい, $a : b : c$ で表します。

$a : b : c = ka : kb : kc$

解き方

P組, Q組の人数の比が4：5で, 合計81人なので,

$$P組の人数 = 81 \times \frac{4}{4+5} = 81 \times \frac{4}{9} = 36（人）$$

$$Q組の人数 = 81 \times \frac{5}{4+5} = 81 \times \frac{5}{9} = 45（人）$$

また, P組の男子の人数を x（人）, Q組の女子の人数を y（人）とすると, 題意より次式が成立する。

$$\begin{cases} x : y = 3 : 4 \cdots\cdots ① \\ (36 - x) + 3 = 45 - y \cdots\cdots ② \end{cases}$$

①より, $4x = 3y \cdots\cdots ①'$

②を整理すると, $y = x + 6 \cdots\cdots ②'$

②'を①'に代入すると,

$$4x = 3 \times (x + 6)$$
$$4x = 3x + 18$$
$$\therefore x = 18 \quad \therefore y = 24$$

したがって, Q組の男子の人数 $= 45 - 24 = 21$（人）

解答 D

例題 ②

原価800円の商品に，20%増しの定価をつけたところ，売れ行きが悪いので，定価の5%引きで売ることにした。このとき，原価の何%増しで売ることになるか。

| A | 11% | B | 12% | C | 13% |
| D | 14% | E | 15% | | |

原価 A 円で，その p ％の利益を見込んで，定価を B 円とした場合，

$$B = A + A \times \frac{p}{100} = A\left(1 + \frac{p}{100}\right)$$

定価 B 円で，その q ％引きで，売価を C 円とした場合，

$$C = B - B \times \frac{q}{100} = B\left(1 - \frac{q}{100}\right)$$

解き方

原価800円の商品に，20%増しの定価をつけると，

定価 $= 800 \times \left(1 + \dfrac{20}{100}\right) = 800 \times 1.2 = 960$ （円）

定価960円の商品を5%引きで売ると，

売価 $= 960 \times \left(1 - \dfrac{5}{100}\right) = 960 \times 0.95 = 912$ （円）

売価が912（円）で，原価が800（円）なので，

$\dfrac{売価}{原価} = \dfrac{912}{800} = 1.14$

つまり，原価の14%増しとなる。

解答　D

※Pointプラス!

原価 A 円で，その p 割の利益を見込んで，定価を B 円とした場合，

$$B = A + A \times \frac{p}{10} = A\left(1 + \frac{p}{10}\right)$$

確　認

$1\% = \dfrac{1}{100}$

$1割 = \dfrac{1}{10}$

8%を分数で表すと，

$\dfrac{8}{100}$

8割を分数で表すと，

$\dfrac{8}{10}$

なお，100％＝10割

アシスト
昨年の男子の従業員数をx, 女子の従業員数をyとおく。

1. ある工場の今年の従業員数は1,059人で, 昨年に比べて男子は2%減少し, 女子は4%増加したので, 全体で9人増加した。昨年の男子の従業員は何人か。

      A　450人　 B　500人　 C　550人

      D　600人　 E　650人

コーチ
$4:5=3×4:3×5$
　3をmとおくと
$4:5=4m:5m$

2. 甲, 乙2人の1か月の収入の比は4：5, 支出の比は3：4であり, 残金はともに3万円であった。このとき, 乙の収入はいくらか。

      A　9万円　 B　10万円　 C　12万円

      D　15万円　 E　16万円

アシスト
定価をx（円）とする。

3. 原価720円の品物を, 定価の1割引きで売っても, なお, 原価の2割5分以上の利益があるようにしたい。定価をいくら以上につければよいか。

      A　1,000円以上　 B　1,100円以上　 C　1,200円以上

      D　1,300円以上　 E　1,400円以上

アシスト
甲, 乙, 丙の当初の負担費用を, $5x$, $3x$, $2x$とする。

4. 甲, 乙, 丙の3人が, 5：3：2の割合で費用を負担することにして旅行に行った。ところが最終的に, 予定の費用より40%余分にかかってしまったので, 超過分は2：3：5の割合で負担することにしたところ, 丙の負担した費用ははじめの予定より20,000円多くなった。このとき, 3人は合計でいくら支出したことになるか。

      A　12万円　 B　13万円　 C　14万円

      D　15万円　 E　16万円

解答・解説　比, 割合

1. **解答** C

昨年の男子の従業員数を x（人），昨年の女子の従業員数を y（人）とする。

$$\begin{cases} x \times (1 - 0.02) + y \times (1 + 0.04) = 1{,}059 \cdots\cdots① \\ x + y = 1{,}050 \cdots\cdots② \end{cases}$$

①$\times 100 - ②\times 98$

$$\begin{array}{r} 98x + 104y = 105{,}900 \\ -)98x + 98y = 102{,}900 \\ \hline 6y = 3{,}000 \qquad \therefore y = 500 \cdots\cdots③ \end{array}$$

③を②に代入すると，$x + 500 = 1{,}050 \qquad \therefore x = 550$

2. **解答** D

甲，乙2人の収入の比は $4:5$ であるので，これを $4m:5m$ と表す。

一方，支出の比は $3:4$ であるので，これを $3n:4n$ と表す。

$$\begin{cases} 4m - 3n = 3 \cdots\cdots① \\ 5m - 4n = 3 \cdots\cdots② \end{cases} \quad ①と②より，m = 3，\quad n = 3$$

したがって，乙の収入は $5m = 5 \times 3 = 15$（万円）

3. **解答** A

定価を x（円）とすると，次式が成立する。

$$\frac{x(1 - 0.1) - 720}{720} \geqq 0.25 \qquad \frac{0.9x - 720}{720} \geqq 0.25$$

$$0.9x - 720 \geqq 180 \qquad 0.9x \geqq 900 \qquad \therefore x \geqq 1{,}000$$

4. **解答** C

甲，乙，丙の当初の負担費用は，$5x$, $3x$, $2x$ と表せる。

最終的に，予定した費用より 40% 余分にかかったので，

超過分は $(5x + 3x + 2x) \times 0.4 = 4x$ となる。

このうち，丙は $4x \times \dfrac{5}{2 + 3 + 5} = 4x \times \dfrac{1}{2} = 2x$ を負担することになり，

その金額は 20,000 円であったので，$2x = 20{,}000$ が成立する。

よって，$x = 10{,}000$

当初予定していた費用が，$5x + 3x + 2x = 10x$ であり，

超過分が $4x$ であるので，総費用は $10x + 4x = 14x$。

$x = 10{,}000$ であるので，$14x = 14 \times 10{,}000 = 140{,}000$（円）

13 約数, 倍数, 剰余系

例題 1

2つの正の整数が120, Yであり, この2つの数の最大公約数が60, 最小公倍数が360であるとき, Yはいくらか。

A 180	B 210	C 240
D 270	E 300	

Point

2つの整数をX, Yとし, 2つの数の最大公約数をG, 最小公倍数をLとするとき,

$$LG = XY$$
$$G = \frac{XY}{L}$$

丸覚え

検算

120と180をそれぞれ素因数分解すると,
$$120 = 2 \times 2 \times 2 \times 3 \times 5$$
$$= 2^3 \times 3 \times 5$$
$$180 = 2 \times 2 \times 3 \times 3 \times 5$$
$$= 2^2 \times 3^2 \times 5$$

∴最大公約数(G.C.M.)
は, $2^2 \times 3 \times 5 = 60$
最小公倍数(L.C.M.)は,
$2^3 \times 3^2 \times 5 = 360$

解き方

2つの整数をX, Yとし, 最大公約数をG, 最小公倍数をLとすると, 次式が成立する。

$$X = X'G \cdots\cdots ①$$
$$Y = Y'G \cdots\cdots ② \quad (X', Y'は互いに素)$$

①×②から, $X \times Y = X'G \times Y'G = X'Y'G^2$
$$L = X'Y'G であることから,$$

$$\boxed{LG} = X'Y'G^2 = \boxed{XY}$$

$$\therefore G = \frac{XY}{L}$$

Xは120であることから,
$$LG = 120 \times Y$$
また, G = 60, L = 360であることから,
$$360 \times 60 = 120 \times Y$$
$$Y = \frac{360 \times 60}{120} = 180$$

解答 **A**

40，64，88のどれをPで割っても4余る。また，Qは6，8，20のどれで割っても5余る数のうち最も小さい数である。PとQの差はいくらか。ただし，Pは該当するもののうち最も大きい数である。

A 107	B 109	C 111
D 113	E 115	

- Pは3つの数（40，64，88）から
  それぞれ4を引いたものの最大公約数である。
- Qは3つの数（6，8，20）の最小公倍数に
  5を加えたものである。

解き方

$$\frac{40}{P} = a \cdots 4, \quad \frac{64}{P} = b \cdots 4, \quad \frac{88}{P} = c \cdots 4$$

$\therefore 40 - 4 = aP$　$64 - 4 = bP$，　$88 - 4 = cP$

　　　$36 = aP$，　　　$60 = bP$，　　　$84 = cP$

つまり，Pは36，60，84の最大公約数である。

```
2 ) 36   60   84
2 ) 18   30   42
3 )  9   15   21
     3    5    7
```

したがって，最大公約数は $2 \times 2 \times 3 = 12$　　$\therefore P = 12$

$$\frac{Q}{6} = d \cdots 5, \quad \frac{Q}{8} = e \cdots 5, \quad \frac{Q}{20} = f \cdots 5$$

$\therefore Q = 6d + 5$，$Q = 8e + 5$，$Q = 20f + 5$

つまり，Qは6，8，20の最小公倍数に5を加えたものとなる。

```
2 ) 6    8   20
2 ) 3    4   10
    3    2    5
```

したがって，最小公倍数は，$2 \times 2 \times 3 \times 2 \times 5 = 120$

　$\therefore Q = 120 + 5 = 125$

以上より，求めるものは，$125 - 12 = 113$

解答　D

発展

剰余系とは

$$M \div m = n \text{余り} R$$

という割り算は次のように表す。とかできます。

$\Rightarrow M = mn + R$

　$(0 \leq R < m)$

　たとえば，$m = 5$，$R = 1$の場合，$M = 5n + 1$の形となり，Mは"5で割って余りが1となる数"として表すことができます。

　$5n + 1$のほかに，$5n + 2$，$5n + 3$，$5n + 4$に該当する数もあり，このように数字は余りにより分類することもできます。このことを剰余系といいます。

練習問題 約数, 倍数, 剰余系

コーチ

2, 7, 14の倍数をそれぞれ求める。

1. 1～100までの数で, 2の倍数でも, 7の倍数でもない数の個数はいくつあるか。

A 41個　　　B 43個　　　C 45個

D 47個　　　E 49個

2. 2つの正の整数をかけると2,880になる。2つの整数の最小公倍数は360であるが, 最大公約数はいくらか。

A 8　　　B 12　　　C 16

D 24　　　E 28

コーチ

2けたの正の整数なので, 1～9は無関係。

3. 2けたの正の整数のうち, 3の倍数は30個, 8の倍数は11個ある。3でも8でも割り切れない数はいくつあるか。

A 52　　　B 53　　　C 54

D 61　　　E 62

コーチ

両方とも, それぞれ余りに1足すと, 3, 5となる。

4. 3で割ると2余り, 5で割ると4余るような, 300以下の自然数はいくつあるか。

A 12個　　　B 15個　　　C 18個

D 20個　　　E 25個

アシスト

最小公倍数を使う。

5. 都内のある駐車場では, 正午から午後5時までの間, 3分に6台の割で車が入ってきて, 5分に8台の割で車が出ていく。この5時間の間に, 駐車場の車は何台増えることになるか。

A 80台　　　B 100台　　　C 120台

D 140台　　　E 160台

約数, 倍数, 剰余系

1. 解答 **B**

1 〜 100 までの整数で, 2 の倍数は合計で 50 個（2 × 50 = 100）。7 の倍数は合計で 14 個（7 × 14 = 98）。また, 2 と 7 の最小公倍数である 14 の倍数は 7 個（14 × 7 = 98）。
したがって, 2 の倍数でも, 7 の倍数でもない数の個数は,

$$100 - (50 + 14 - 7) = 43 \ （個）$$

2. 解答 **A**

2 つの整数を P, Q とし, 最大公約数を G, 最小公倍数を L とするとき, LG = PQ が成立する。よって, これに P × Q = 2,880, L = 360 を代入すると,

$$360 × G = 2,880 \qquad ∴ G = \frac{2,880}{360} = 8$$

3. 解答 **B**

2 けたの正の整数のうち, 3 の倍数は 30 個, 8 の倍数は 11 個あるが, 重複分があるので, これを差し引かなければならない。3 と 8 の最小公倍数は 24 であり, 24 の倍数は, 24, 48, 72, 96 の 4 個である。したがって, 3 でも 8 でも割り切れる数は, 30 + 11 − 4 = 37 （個）
以上より, 求めるものは, (99 − 9) − 37 = 53 （個）

4. 解答 **D**

3 で割ると 2 余る数に 1 を加えると 3 で割り切れる。また, 5 で割ると 4 余る数に 1 を加えると 5 で割り切れる。したがって, 3 でも 5 でも割り切れる数の個数を求めればよい。
3 でも 5 でも割り切れる数とは, 3 と 5 の最小公倍数である 15 の倍数である。300 以下の自然数であり, 1 を加えることができるから, 300 + 1 = 301 以下で 15 の倍数は（15, 30, 45, 60 ⋯⋯⋯⋯, 300）で合計 20 個。したがって, 求める自然数は（14, 29, 44, 59 ⋯⋯⋯⋯, 299）で, 合計 20 個。

5. 解答 **C**

3 と 5 の最小公倍数は 15。15 分の間に, 車は 6 × 5 = 30 （台）入ってくる。一方 15 分の間に, 車は 8 × 3 = 24 （台）出ていく。よって, 15 分の間に車は 30 − 24 = 6 台増えることになる。
したがって, 5 時間の間に車は, 6 × 4 × 5 = 120 （台）増えることになる。

14 記数法

例 題 ①

3進法で表された1001を2で割ったときの商を3進法で表したものはどれか。

A	110	B	111	C	112
D	120	E	121		

Point

P進法で，abcと表された数を10進法になおす方法

$N = abc$（P進法で3けたの数）

$N = a \times P^{3-1} + b \times P^{2-1} + c$

発 展

10進法をP進法になおす方法

下に示す通り，10進法の73を5進法になおす場合，73を順次で5で割っていき，余りを右側に書き，商がPより小さくなったところでストップします。すると，5進法で243となります。

```
5 ) 73   余り
5 ) 14 … ③ ↑
      ② … ④
```

解 き 方

3進法で表された1001を10進法になおすと，

$$1 \times 3^{4-1} + 0 \times 3^{3-1} + 0 \times 3^{2-1} + 1$$
$$= 1 \times 3^3 + 0 + 0 + 1$$
$$= 1 \times 3 \times 3 \times 3 + 1 = 28$$

つまり，3進法で表された1001を10進法になおすと，28となる。よって，題意より，

$$28 \div 2 = 14$$

```
3 )  14
3 )   4 … ② ↑
       ① … ①
```

10進法で表された14を3進法になおすと，左のようになる。つまり，10進法の14を3進法になおすと，112となる。

解答 C

例 題 ②

6進法で表した下の計算式の空欄にあてはまるものはどれか。

$$35 \times 23 - \boxed{} = 1010$$

A　232　　　　　B　233　　　　　C　320

D　322　　　　　E　323

P進法で表された計算式は
いったん10進法になおして計算する。
そして，10進法で表された数字を
再度P進法になおす。

解 き 方

35，23，1010 をそれぞれ 10 進法の数字になおす。

$$35 \to 3 \times 6^{2-1} + 5 = 3 \times 6 + 5 = 23$$
$$23 \to 2 \times 6^{2-1} + 3 = 2 \times 6 + 3 = 15$$
$$1010 \to 1 \times 6^{4-1} + 0 \times 6^{3-1} + 1 \times 6^{2-1} + 0 = 1 \times 6^3 + 1 \times 6$$
$$= 1 \times 6 \times 6 \times 6 + 1 \times 6 = 216 + 6 = 222$$

つまり，　$23 \times 15 - \boxed{} = 222$

$$\therefore \boxed{} = 23 \times 15 - 222$$
$$= 345 - 222$$
$$= 123$$

$\boxed{}$ には 10 進法の 123 が入ることになる。
よって，123 を 6 進法になおす必要がある。

右の結果から，10 進法の 123 は 6 進法では
323 となる。

```
6 ) 123      余り
6 )  20 … 3  ↑
      3 … 2
```

解答　E

参 考

6進法でそのまま計算す
る方法

```
      35
   ×  23
     153
     114
   (1333)
```

$$35 \times 23 - \boxed{} = 1010$$
$$\boxed{} = 1333 - 1010$$
$$= 323$$

```
    1333
 －  1010
   ( 323)
```

（10進法）（6進法）
6	→	10
7	→	11
8	→	12
9	→	13
10	→	14
11	→	15
12	→	20

コーチ
432と2304を10進法に
なおす。

1. 下の計算式は5進法で表したものである。空欄にあてはまるも
のはどれか。

$$432 + 2304 = \boxed{}$$

A	3023	B	3123	C	3144
D	3241	E	3342		

コーチ
4進法で表された3303
を10進法になおす。

2. 4進法で表された3303を3で割った商を7進法で表したも
のはどれか。

A	136	B	144	C	153
D	165	E	203		

アシスト
下に示した【別の方法】
で解いてもよい。

3. 下の計算式は8進法で表したものである。空欄にあてはまるも
のはどれか。

$$273 \times 42 = \boxed{}$$

A	12763	B	13205	C	14326
D	15703	E	16304		

コーチ
計算間違いしないよう,
慎重に処理すること。

4. 3進法で表した下の計算式の空欄にあてはまるものはどれか。

$$10001 \times 1100 - 100111 = \boxed{}$$

A	10100111	B	10111000	C	10122000
D	10200212	E	10212010		

【別の方法】

　*P*進法を10進法になおす方法として,次のようなものがある。

　たとえば,8進法で表された273を10進法になおす場合,最初
に右上のように書く。次に,8と下に書かれた2をかける。これ
を右の中段のように書く。そして,7と16を加算した23を16の
下に書く。

　さらに,8と23をかける。8×23＝184　これを右下のように
書く。そして,3と184を加算する。この結果,187となる。

```
 8 | 2  7  3
   |_____
     2

 8 | 2  7  3
   |    16
   |_____
     2  23

 8 | 2  7   3
   |    16  184
   |_____
     2  23  187
```

1. 解答 **D**

慣れてくれば，右のように5進法でそのまま計算した方が簡単である。

    $2 + 4 = 6$　これを5進法になおすと11となる。

    $4 + 3 = 7$　これを5進法になおすと12となる。

$$\begin{array}{r} 432 \\ + \quad 2304 \\ \hline 3241 \end{array}$$

2. 解答 **B**

4進法で表された3303を10進法になおすと，次のようになる。

$$3 \times 4^3 + 3 \times 4^2 + 3 = 3 \times 4 \times 4 \times 4 + 3 \times 4 \times 4 + 3$$
$$= 192 + 48 + 3 = 243$$
$$243 \div 3 = 81$$

10進法の81を7進法になおすと，右のように144になる。

$$\begin{array}{r} 7\,)\underline{\quad 81\quad}\text{余り} \\ 7\,)\underline{\quad 11\quad}\cdots④ \\ ①\quad\cdots④ \end{array}$$

3. 解答 **C**

8進法の273を10進法で表すと，$2 \times 8^0 + 7 \times 8^1 + 3 = 128 + 56 + 3 = 187$

8進法の42を10進法になおすと，$4 \times 8 + 2 = 34$

   ゆえに，$187 \times 34 = 6358$

10進法の6358を8進法になおすと，

右のようになる。求めるものは，14326。

$$\begin{array}{r} 8\,)\underline{\quad 6358\quad}\text{余り} \\ 8\,)\underline{\quad 794\quad}\cdots6 \\ 8\,)\underline{\quad 99\quad}\cdots2 \\ 8\,)\underline{\quad 12\quad}\cdots3 \\ 1\quad\cdots4 \end{array}$$

4. 解答 **D**

3進法の10001を10進法になおすと，$1 \times 3^4 + 1 = 1 \times 3 \times 3 \times 3 \times 3 + 1 = 82$

3進法の1100を10進法になおすと，$1 \times 3^3 + 1 \times 3^2 = 1 \times 3 \times 3 \times 3 + 1 \times 3 \times 3 = 27 + 9 = 36$

3進法の100111を10進法になおすと，$1 \times 3^5 + 1 \times 3^2 + 1 \times 3 + 1$
$$= 1 \times 3 \times 3 \times 3 \times 3 \times 3 + 1 \times 3 \times 3 + 3 + 1$$
$$= 243 + 9 + 4 = 256$$

   $\therefore 82 \times 36 - 256 = 2696$

10進法の2696を3進法になおすと，右のようになる。

求めるものは，10200212。

$$\begin{array}{r} 3\,)\underline{\quad 2696\quad} \\ 3\,)\underline{\quad 898\quad}\cdots2 \\ 3\,)\underline{\quad 299\quad}\cdots1 \\ 3\,)\underline{\quad 99\quad}\cdots2 \\ 3\,)\underline{\quad 33\quad}\cdots0 \\ 3\,)\underline{\quad 11\quad}\cdots0 \\ 3\,)\underline{\quad 3\quad}\cdots2 \\ 1\quad\cdots0 \end{array}$$

15 虫食い算

・・・・・例　題　①・・・・・

次の計算式が成り立つとき，ア＋イはいくらになるか。

```
        2 3
  ×     □□
        □□ 1
      ア 2
    □□ イ 1
```

A　10	B　12
C　14	
D　15	E　17

oint

・解ける箇所はどこかを探す。
・ある数字以上（以下）しか入らない箇所もある。
・困ったら，一の位の数字に注目する。

アドバイス

足し算での繰り上がり

　2つの数を足す場合，次の位への繰り上がりは「0」か「1」となります。

```
  233
+ 325    ← 繰り上がり
  558        「0」
```

```
  238
+ 374    ← 繰り上がり
  612        「1」
```

解き方

```
        2 3
  ×     ⓐⓑ
      ⓒⓓ 1
      ⑦ 2
   ⓔⓕ⑦ 1
```

3×ⓑ＝□1から，ⓑに1～9の数字を入れてみる。
　　3×1＝3　3×2＝6　3×3＝9　3×4＝12
　　3×5＝15　3×6＝18　3×7＝2̲1̲　3×8＝24
　　3×9＝27
　　　したがって，ⓑには7が入る。
　　　この結果，ⓓには6が入ることになり，
　　　　　　　　「イ」は8となる。

```
        2 3
  ×     ⓐ 7
      1 6 1
      ⑦ 2
   ⓔⓕ 8 1
```

次に，3×ⓐ＝□2に注目する。
ⓐに1～9の数字を入れてみる。
　　3×1＝3　3×2＝6　3×3＝9　3×4＝1̲2̲
　　3×5＝15　3×6＝18　3×7＝21　3×8＝24
　　3×9＝27
　　　したがって，ⓐには4が入る。
　　　この結果，「ア」には9が入る。

以上より，ア＋イ＝9＋8＝17

解答　E

次の計算式が成り立つとき，ア＋イはいくらになるか。

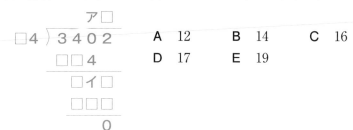

A 12	B 14	C 16
D 17	E 19	

- 割り算もわかる順に
  数をあてはめてみる。
- 空欄に1～9の数字を
  一つひとつあてはめてみる。

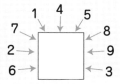

解き方

$$\begin{array}{r} \boxed{ア}\ \boxed{b} \\ \boxed{a}4\ \overline{)\ 3\ 4\ 0\ 2} \\ \boxed{c}\ \boxed{d}\ 4 \\ \hline \boxed{e}\ \boxed{イ}\ \boxed{f} \\ \boxed{g}\ \boxed{h}\ \boxed{i} \\ \hline 0 \end{array}$$

$4×$ア$＝\square$4から，アに1～9の数字を入れてみる。

$4×1＝\underline{4}$　　$4×2＝8$　　$4×3＝12$

$4×4＝16$　$4×5＝20$　$4×6＝2\underline{4}$

$4×7＝28$　$4×8＝32$　$4×9＝36$

したがって，「ア」には1か6が入ることになるが，「ア」が1の場合，$\boxed{a}$が9でも，$94×1＝94$になることから不適。この結果，「ア」は6となる。

$$\begin{array}{r} 6\ 3 \\ 5\ 4\ \overline{)\ 3\ 4\ 0\ 2} \\ 3\ 2\ 4 \\ \hline 1\ 6\ 2 \\ 1\ 6\ 2 \\ \hline 0 \end{array}$$

「ア」が6の場合，$\boxed{a}$は5になることから，

$54×6＝324$

324は340を下回っているので，適している。左の計算式からわかるように，「イ」には6が入る。

以上より，ア＋イ$＝6＋6＝12$

解答　A

アドバイス

あせらないこと！

$$\begin{array}{r} ア\ イ \\ \boxed{a}8\ \overline{)\ 1\ 7\ 9\ 2} \\ \square\ 6\ \square \\ \hline \square\ \square\ \square \\ \square\ \square\ \square \\ \hline 0 \end{array}$$

$\boxed{a}$とアの組み合わせ
「1」と「9」
「2」と「6」
「3」と「4」
「4」と「3」
「5」と「3」
が考えられます。よって，これらについて一つひとつ検討していけばよいのです。

練習問題 | 虫食い算

アシスト

「□48」の箇所に注目して，アに入る数字を考える。

1. 次の計算式が成り立つとき，ア＋イはいくらになるか。

```
      2 ア 7
  ×     4 □
    ─────────
    4 □ □
    □ 4 8
  ───────────
  □ □ イ □
```

A	6	B	7
C	8	D	9
E	10		

コーチ

まずは一の位の数字に注目する。

2. 次の計算式が成り立つとき，ア＋イはいくらになるか。

```
    2 5 ア 7 2
  －   8 イ □ ア
  ─────────────
    1 イ イ 7 9
```

A	7	B	8
C	9	D	10
E	11		

アシスト

「イ□□」は「イ□6」となる。

3. 次の計算式が成り立つとき，ア＋イはいくらになるか。

```
            ア □
    □7 ) 2 1 0 6
         □ 8 □
       ─────────
         イ □ □
         □ □ □
       ─────────
               0
```

A	7	B	9
C	11	D	13
E	14		

解答・解説　虫食い算

1. 解答　**C**

注目する箇所は，2ア7×4＝□48

□48の「4」から，「ア」は「3」となる。

つまり，237×4＝948

次の注目は，2ア7×□＝4□□

4□□の「4」から，「□」は「2」となる。

つまり，237×2＝474

以上より，ア＋イ＝3＋5＝8

```
        2 3 7
      ×   4 2
      ─────────
        4 7 4
      9 4 8
      ─────────
      9 9 5 4
```

2. 解答　**C**

まず，一の位に注目する。

72－□ア＝79　つまり，12－ア＝9より，ア＝3

よって，右のようになる。

右において，37－イ□＝イ7より，□には，9が入る。

また，253－8イ＝1イイ　より，イには6が入る。

以上より，ア＋イ＝3＋6＝9

```
      2 5 3 7 2
    －   8 イ □ 3
    ─────────────
      1 イ イ 7 9
```

```
      2 5 3 7 2
    －   8 6 9 3
    ─────────────
      1 6 6 7 9
```

3. 解答　**B**

右に示したように，イ□6になることから，

7×8＝5<u>6</u>より，ⓐには「8」が入る。

21－□8＝イより，イには2か3が入る。

しかし，「□8□」は「18□」となるが，

□には「0」は入らないため，

イには2しか入らない。

したがって，「2□6」を満たすためには，

「□7」の□には2が入ることになる。

27×8＝216　　27×ア＝□8□より，

アには7が入る。

以上より，ア＋イ＝7＋2＝9

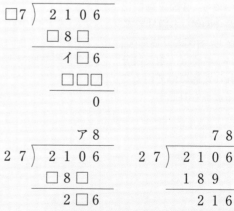

16 場合の数

● 例 題 ① ●

白玉2個，赤玉1個，青玉3個の中から，3個の玉を選び出す場合，何通りあるか。

A	4通り	B	5通り	C	6通り
D	7通り	E	8通り		

Point
すべての場合を調べ，もれなく数える。
「場合の数」とは，あることがらが起こるすべての場合を数えあげた数のことである。
もれなく，かつ，重複なく数えるためには，表や樹形図をつくるとよい。

発展

赤玉を中心に考えてもよい
　赤玉を1個，白玉を2個，青玉を0個選び出すのを（1,2,0）というように表すと，他の組み合わせは次のようになります。

（1,1,1）（1,0,2）（0,1,2）
（0,2,1）（0,0,3）。

　つまり，3個を選び出す場合の数は6通りです。
　なお，右図の「樹形図」という名称は，木が枝分かれした形に似ていることによるものです。

解 き 方

表を作成すると，次のようになる。

白	2	2	1	1	0	0
赤	1	0	1	0	1	0
青	0	1	1	2	2	3

つまり，3個の玉を選び出す場合の数は6通りとなる。

解答　C

樹形図をつくると，次のようになる。

```
 白      赤      青
         1 ──── 0
    2 <
         0 ──── 1
         1 ──── 1
    1 <
         0 ──── 2
         1 ──── 2
    0 <
         0 ──── 3
```

● ● ● ● ● ● ● ● ● ● ● ● ● ● 例 題 ② ● ● ● ● ● ● ● ● ● ● ● ● ●

10個の作品の中から3作品を選んで，文部科学大臣賞，東京都知事賞，大会委員長賞にするとき，その決め方は何通りあるか。

A	240通り	B	360通り	C	480通り
D	600通り	E	720通り		

Point

「順列」の考え方を適用する。

異なるn個のものから，r個を取って，それをある順序に並べたものを，n個からr個とる順列という。これを式で表すと，

$$_n\mathrm{P}_r = \frac{n!}{(n-r)!} \ (n \geqq r)$$

解き方

10個から3個とる順列なので，

$$_{10}\mathrm{P}_3 = \frac{10!}{(10-3)!} = \frac{10 \times 9 \times 8 \times 7 \times 6 \times 5 \times 4 \times 3 \times 2 \times 1}{7 \times 6 \times 5 \times 4 \times 3 \times 2 \times 1}$$

$$= 10 \times 9 \times 8 = 720$$

解答　**E**

確　認

組合せ

　異なるn個のものから，並べ方は考えないで，r個取り出したものを，n個からr個とる組合せといいます。並べ方は考えないので，順列よりも数は少なくなります。

順列と組合せの簡単な計算方法

$_{10}\mathrm{P}_3$の簡単な計算方法は次の通りである。

$$_{10}\mathrm{P}_3 = 10 \times 9 \times 8 = 720$$

つまり，10個のうち3個選び，順序よく並べるので，$10 \times 9 \times 8$というようにかけていけばよい。

〈例〉　$_5\mathrm{P}_2 = 5 \times 4 = 20$　　　　　　「5」から始まる。そして「2」なので，5×4

　　　　$_5\mathrm{P}_3 = 5 \times 4 \times 3 = 60$　　　　　「5」から始まる。そして「3」なので，$5 \times 4 \times 3$

　　　　$_7\mathrm{P}_4 = 7 \times 6 \times 5 \times 4 = 840$　　「7」から始まる。そして「4」なので，$7 \times 6 \times 5 \times 4$

$_{10}\mathrm{C}_3$〔組合せ〕の簡単な計算方法は次の通りである。

$$_{10}\mathrm{C}_3 = \frac{10 \times 9 \times 8}{3 \times 2 \times 1} = 120$$

「10」から始まる。そして「3」なので，$10 \times 9 \times 8$
「3」から始まる。そして「3」なので，$3 \times 2 \times 1$

$$_5\mathrm{C}_2 = \frac{5 \times 4}{2 \times 1} = 10$$

「5」から始まる。そして「2」なので，5×4
「2」から始まる。そして「2」なので，2×1

$$_7\mathrm{C}_4 = \frac{7 \times 6 \times 5 \times 4}{4 \times 3 \times 2 \times 1} = 35$$

「7」から始まる。そして「4」なので，$7 \times 6 \times 5 \times 4$
「4」から始まる。そして「4」なので，$4 \times 3 \times 2 \times 1$

練習問題　場合の数

コーチ
5の倍数は、5, 10, 15 などがある。13の倍数は13, 26などがある。

コーチ
Aの起こり方がm通り、Bの起こり方がn通りなら、AとBがともに起こる場合の数は、$m \times n$（通り）

コーチ
数式を使って解くよりも、樹形図をかいた方が速くて、正確なときもある。

コーチ
5つの中から3つ選ぶのだから、「順列」か、それとも「組合せ」の問題なのか？

コーチ
この場合、男子、女子の区別は関係ない。

1. 1から40までの整数の中から、1つの数を選ぶとき、それが5または13の倍数であることは、全部で何通りあるか。

A　8通り　　B　9通り　　C　10通り
D　11通り　　E　12通り

2. ③ ⑤ ⑦ ⑨の4枚のカードから異なる2枚を取り出して、2けたの整数をつくるとき、全部で何通りできるか。

A　10通り　　B　12通り　　C　14通り
D　15通り　　E　16通り

3. 甲、乙、丙、丁の4人の中から、委員長、副委員長、書記を選ぶとき、甲が委員長に選ばれる場合の数はいくらか。

A　3通り　　B　4通り　　C　5通り
D　6通り　　E　8通り

4. 円周上にア、イ、ウ、エ、オの5つの点がある。これらを頂点とする三角形はいくつあるか。

A　8個　　B　9個　　C　10個
D　11個　　E　12個

5. 男子が3人、女子が5人いる。掃除当番を3人選ぶとすると、何通りの方法があるか。

A　40通り　　B　44通り　　C　48通り
D　52通り　　E　56通り

解答・解説　場合の数

1. 解答　D

1から40までの整数の中で，5の倍数は「5, 10, 15, 20, 25, 30, 35, 40」の8つ。
また，13の倍数は「13, 26, 39」の3つ。
ここで再度問題文を見ると，「5または13の倍数」となっている。よって，求めるものは，
8＋3＝11（通り）「または」のとき，求める場合の数は足し算となる。

2. 解答　B

2けたの整数をつくるので，まずは十のけたの数を考えてみる。
たとえば，これが③であった場合，一のけたの数は⑤⑦⑨のいずれかとなる。
つまり，十のけたが③であった場合，一のけたの数は3通りとなる。
十のけたの数が⑤，⑦，⑨についても考えてみる。これらの場合も，一のけたの数は3通り
となる。したがって，十のけたは③⑤⑦⑨の4通り，一のけたはいずれも3通りなので，
求めるものは4×3＝12（通り）

3. 解答　D

樹形図をかくと，右図のようになる。

```
            委員長    副委員長    書記
                       B ─── C
                         ─── D
                       C ─── B
            A ─────      ─── D
                       D ─── B
                         ─── C
```

別解
4人の中から3人選んで，委員長，副委員長，書記にするとき，その決め方は，4×3×2＝
24通り。よって，Aが委員長に選ばれる場合の数は，24÷4＝6（通り）

4. 解答　C

5つの中から3つを取る組合せの数を求めればよい。

$$_5C_3 = \frac{5 \times 4 \times 3}{3 \times 2 \times 1} = 10 \text{（個）}$$

5. 解答　E

3＋5＝8（人）　8人の中から3人選ぶ組合せと考える。

$$_8C_3 = \frac{8 \times 7 \times 6}{3 \times 2 \times 1} = 56 \text{（通り）}$$

17 確率

2個のサイコロXとYを投げたとき，出る目の数の和が6になる確率はいくらか。

$$A \quad \frac{1}{18} \qquad B \quad \frac{1}{12} \qquad C \quad \frac{1}{9} \qquad D \quad \frac{5}{36} \qquad E \quad \frac{2}{9}$$

Point

最初に，全体の場合の数を求める。

起こりうる場合が全部で n 通りで，そのうち，

ことがらMの起こる場合が m 通りであるとき，Mの起こる確率Pは

$$P = \frac{m（ことがら M の起こる場合の数）}{n（全体の場合の数）}$$

なお，確率Pの範囲 ⇒ $0 \leqq P \leqq 1$

確認

―全体の確率＝1―

Xの起こる確率
＝P

上図から，
Xの起こらない確率
　＝1－P

〈例〉
サイコロを投げたとき，
3の目の出る確率は $\frac{1}{6}$
3の目の出ない確率は $\frac{5}{6}$

解き方

最初に，2個のサイコロを投げたときの，目の出方が何通りあるかを考える。これが全体の場合の数に当たる。

$6 \times 6 = 36$（通り）

次に，出る目の数の和が6になる場合を考える。表にすると下のようになる。

X	1	2	3	4	5
Y	5	4	3	2	1
X + Y	6	6	6	6	6

つまり，5通りある。

以上より，求めるものは $\frac{5}{36}$

解答 D

6個の赤玉と4個の白玉のはいっている袋がある。この中から2個の玉を取り出すとき，2個とも同じ色である確率はいくらか。

A　$\dfrac{1}{3}$　　　B　$\dfrac{2}{5}$　　　C　$\dfrac{7}{15}$　　　D　$\dfrac{8}{15}$　　　E　$\dfrac{3}{5}$

XまたはYの起こる確率＝Xの起こる確率＋Yの起こる確率
最初に，起こりうるすべての場合の数を計算する。
次に，2個とも赤玉を取り出す確率と，2個とも白玉を取り出す確率を求める。
なお，上の式を確率の加法定理という。

解き方

赤玉が6個で，白玉が4個なので，玉の数は10個。
つまり，10個の中から2個取り出すので，その場合の数は，

$$_{10}C_2 = \frac{10 \times 9}{2 \times 1} = 45 \text{（通り）}$$

このうち，2個とも赤玉を取り出す場合の数は，

$$_6C_2 = \frac{6 \times 5}{2 \times 1} = 15 \text{（通り）}$$

2個とも白玉を取り出す場合の数は，

$$_4C_2 = \frac{4 \times 3}{2 \times 1} = 6 \text{（通り）}$$

「2個とも赤玉を取り出す場合」と「2個とも白玉を取り出す場合」とは同時に起こらないので，2個とも同じ色になる場合の数は，15＋6＝21（通り）となる。

以上より，求める確率は$\dfrac{15 + 6}{45} = \dfrac{21}{45} = \dfrac{7}{15}$

解答　C

発展

X,Yがともに起こる確率

起こりうるすべての場合の数がXについてはm通り，Yについてはn通りであり，Xの起こり方がx通り，Yの起こり方がy通りであるとします。そして，XとYは無関係に起こる場合，

X，Yがともに起こる確率は，

$$\frac{x}{m} \times \frac{y}{n} = \frac{xy}{mn}$$

これを確率の乗法定理といいます。

17…確率　67

練習問題　確率

アシスト
2つとも奇数である組み合わせは（1, 1）（1, 3）などがある。

1. 2つのサイコロを同時に投げたとき，2つとも奇数の目が出る確率はいくらか。

A $\dfrac{1}{3}$　　　B $\dfrac{1}{4}$　　　C $\dfrac{1}{5}$

D $\dfrac{1}{6}$　　　E $\dfrac{1}{8}$

アシスト
サイコロの目の出かたを次のように表してもよい。
（表, 表, 表）（表, 表, 裏）
（表, 裏, 表）など。

2. 3枚の硬貨を同時に投げたとき，3枚とも表が出る確率はいくらか。

A $\dfrac{1}{4}$　　　B $\dfrac{1}{6}$　　　C $\dfrac{1}{8}$

D $\dfrac{1}{12}$　　　E $\dfrac{1}{16}$

アシスト
（少なくとも1本当たる確率）＝1－（2本ともからくじの確率）

3. 当たりくじ2本，からくじ3本でできているくじがある。このくじを同時に2本ひくとき，少なくとも1本が当たりくじである確率はいくらか。

A $\dfrac{1}{5}$　　　B $\dfrac{3}{10}$　　　C $\dfrac{2}{5}$

D $\dfrac{5}{10}$　　　E $\dfrac{7}{10}$

アシスト
1回目に取り出した玉は袋にもどさないので，2回目に取り出すとき，袋の中には玉は19個しかない。
「確率の乗法定理」を使う。

4. 8個の赤玉と12個の白玉のはいっている袋がある。この中から1個ずつ玉を取り出し，取り出した玉を袋にもどさないものとした場合，1回目に白玉，2回目に赤玉が出る確率はいくらか。

A $\dfrac{24}{95}$　　　B $\dfrac{36}{95}$　　　C $\dfrac{42}{95}$

D $\dfrac{58}{95}$　　　E $\dfrac{62}{95}$

解答・解説　確　率

1. 解答　B

2個のサイコロを投げたときの，目の出かたは$6 \times 6 = 36$（通り）

2つとも奇数である組み合わせは，

$(1, 1)$ $(1, 3)$ $(1, 5)$ $(3, 1)$ $(3, 3)$ $(3, 5)$ $(5, 1)$ $(5, 3)$ $(5, 5)$ の9通りである。

したがって，求めるものは $\dfrac{9}{36} = \dfrac{1}{4}$

2. 解答　C

3枚の硬貨をP，Q，Rとして，樹形図をかくと下のようになる。

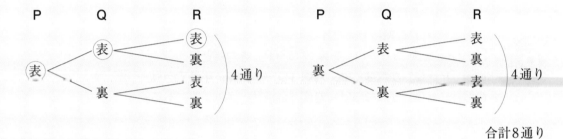

合計8通り

3. 解答　E

5本のくじから2本をひく場合の数は，${}_5\mathrm{C}_2 = \dfrac{5 \times 4}{2 \times 1} = 10$（通り）

次に，2本とも，からくじをひく場合の数を求める。${}_3\mathrm{C}_2 = \dfrac{3 \times 2}{2 \times 1} = 3$

（少なくとも1本当たる確率）＝$1 -$（2本ともからくじの確率）

よって，求めるものは，$1 - \dfrac{3}{10} = \dfrac{7}{10}$

4. 解答　A

$8 + 12 = 20$（個）　20個ある玉の中から，白玉を取り出す確率は $\dfrac{12}{20} = \dfrac{3}{5}$

取り出した玉は袋にもどさないので，2回目に玉を取り出すとき，袋の中にある玉の数は19個となる。よって，2回目に赤玉を取り出す確率は $\dfrac{8}{19}$

以上より，求めるものは，$\dfrac{3}{5} \times \dfrac{8}{19} = \dfrac{24}{95}$

18 命題・対偶・三段論法

・・・・・・・・・・・例 題 ①・・・・・・・・・・・

「心の平穏な人は人から信頼される。」
上記の命題が真であるとき，これから導かれるものとして正しいものはどれか。

A　人から信頼される人は心の平穏な人である。
B　心の平穏でない人は人から信頼されない。
C　人から信頼されない人は心の平穏な人ではない。
D　人から信頼される人は心の平穏な人ではない。
E　心の平穏でない人は人から信頼される。

命題「P→Q」に対して，
「Q→P」を逆，「P̄→Q̄」を裏，「Q̄→P̄」を対偶という。
命題「P→Q」が真ならば，対偶「Q̄→P̄」は必ず真であり，
命題「P→Q」が偽ならば，対偶「Q̄→P̄」は必ず偽である。

確 認

命題というのは，ある判断や主張を表した文で，真か偽かが区別できるものをいいます。そして，「心の平穏な人」「人から信頼される人」は，条件といいます。本問は条件が2つであるが，条件が3つ，4つのときもあります。

解 き 方

上記に示したように，「命題」に対して，「逆」「裏」「対偶」があるが，問題を解く際に使うのは「対偶」だけである。よって，「命題」に対して「対偶」は何であるかだけを考える。そして，「命題」が真であるとき，「対偶」も真である。

「心の平穏な人」をP，「人から信頼される人」をQとすると，命題「心の平穏な人は人から信頼される」は「P→Q」と表すことができる。この対偶は「Q̄→P̄」である。よって，対偶は「人から信頼されない人は心の平穏な人ではない」となる。

解答　C

例題②

・体の健康な人は胃が丈夫である。
・スポーツをする人は顔の色つやがよい。
・胃の丈夫な人は顔の色つやがよい。

上記の3つの命題が真であるとき，これらから導かれるものとして正しいものはどれか。

A 顔の色つやがよい人は胃が丈夫である。
B 体の健康な人は顔の色つやがよい。
C 顔の色つやがよい人はスポーツをする人である。
D 胃の丈夫な人はスポーツをする人である。
E 体の健康な人はスポーツをする人である。

Point

三段論法とは，2つの命題から1つの命題を導くものである。すなわち，「P→Q」「Q→R」が成立するとき，「P→R」が導かれる。
例えば，「人間は物を食べる。」←「P→Q」
「物を食べるのは動物である。」←「Q→R」
ゆえに，「人間は動物である。」←「P→R」

解き方

「体の健康な人」をW，「胃が丈夫な人」をX，「スポーツをする人」をY，「顔の色つやがよい人」をZとする。
「体の健康な人は胃が丈夫である」は，「W→X」と表すことができる。
「スポーツをする人は顔の色つやがよい」は，「Y→Z」と表すことができる。
「胃の丈夫な人は顔の色つやがよい」は「X→Z」と表すことができる。
「W→X」と「X→Z」について，三段論法を使うと，

W → | X　X | → Z
　　W → X → Z
　　　　W → Z

したがって，「体の健康な人は顔の色つやがよい。」となる。

解答　B

確認

「W→X」
「Y→Z」
「X→Z」
上記の3つのうち，「Y→Z」については，これ以上，展開できないので，このままとなります。

18…命題・対偶・三段論法　71

コーチ

まず，命題に対する対偶を考えてみよう。

1. ・海が好きな人は我慢強い。
   ・花が好きな人は親切である。
   ・我慢強い人は親切である。

   　上記の3つの命題が真であるとき，これらから導かれるものとして正しいものはどれか。

   A　海が好きな人は花が好きである。
   B　花が好きな人は我慢強い。
   C　海が好きな人は親切である。
   D　親切な人は花が好きである。
   E　我慢強い人は海が好きである。

コーチ

3つの命題について，それぞれ対偶をとる。
次に，三段論法を使って，何か導けないかを考える。

2. ・明るい人は協調性がある。
   ・明るい人は活動的である。
   ・明るくない人は商社マンに向かない。

   　上記の3つの命題が真であるとき，これらから導かれるものとして正しいものはどれか。

   A　活動的な人は商社マンに向いている。
   B　協調性がない人は商社マンに向いていない。
   C　協調性のある人は商社マンに向いている。
   D　商社マンに向かない人は活動的ではない。
   E　商社マンに向かない人は協調性がない。

解答・解説　命題・対偶・三段論法

1. 解答 **C**

　「海が好きな人」を「海」,「我慢強い人」を「我」,「花が好きな人」を「花」,「親切な人」を「親」と表す。

　すると, それぞれの命題は次のように表すことができる。

- 海が好きな人は我慢強い。「海→我」
- 花が好きな人は親切である。「花→親」
- 我慢強い人は親切である。「我→親」

　「海→我」と「我→親」より,「海→ 我　我 →親」

∴「海→我→親」

∴「海→親」

2. 解答 **D**

　「明るい人」を「明」,「協調性がある」を「協」,「活動的である」を「活」,「商社マンに向いている」を「商」と表す。

　すると, それぞれの命題は次のように表すことができる。

- 明るい人は協調性がある。「明→協」
- 明るい人は活動的である。「明→活」
- 明るくない人は商社マンに向かない。「$\overline{明}$→$\overline{商}$」

　A：「明→活」の対偶をとると,「$\overline{活}$→$\overline{明}$」。
　　　よって,「活→商」はどこからも導けない。
　B：「明→協」の対偶をとると,「$\overline{協}$→$\overline{明}$」。
　　　「$\overline{協}$→$\overline{明}$」と「$\overline{明}$→$\overline{商}$」について, 三段論法を使うと,
　　　「$\overline{協}$→$\overline{明}$→$\overline{商}$」となり,「$\overline{協}$→$\overline{商}$」となる。
　C：「協→商」はどこからも導けない。
　D：「$\overline{商}$→$\overline{活}$」はどこからも導けない。
　　　なぜなら,「$\overline{明}$→$\overline{商}$」の対偶をとると,「商→明」となる。
　E：「$\overline{商}$→$\overline{協}$」はどこからも導けない。

19 集合

・・・・・・・・例題①・・・・・・・・

40人の生徒を対象に，旅行のアンケート調査を行ったところ，北海道に行ったことのある者は18人，九州に行ったことのある者は13人であった。また，北海道と九州の両方に行ったことのある者は5人であった。両方とも行ったことのない生徒は何人か。

A　10人　　　　　　B　11人　　　　　　C　12人

D　13人　　　　　　E　14人

基本的にはベン図を使って解く。
右図のように，全体は四角でかき，全体数を上にかいておく。
要素を丸で表し，該当の箇所に数字を記入する。

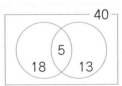

確認

「集合」に関する問題は，必ずベン図をかく必要があります。

問題文を読み，内容がわかったら，該当する箇所に数字を記入していきます。きれいに記入しないと，重なっている部分の数字がよくわからなくなってしまいます。完全マスターしていないと，本番で応用がきかず，解けなくなるケースも生じるので注意しましょう。

解き方

与えられた条件をベン図にかくと下のようになる。

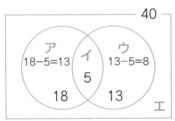

領域を，ア，イ，ウ，エの4つに分ける。全体の人数は40人なので，
ア＋イ＋ウ＋エ＝40（人）

ここでのポイントは，「北海道に行ったことのある者」を上図のアと考えないことにある。つまり，該当する領域はアだけではなく，イも含まれる。

イの領域は，「北海道と九州の両方に行ったことのある者」の領域なので，「北海道だけに行ったことのある者」を示すアの領域は18 − 5 ＝ 13（人）となる。これはウの領域についてもいえることで，「九州だけに行ったことのある者」は13 − 5 ＝ 8（人）となる。

以上より，求めるものは，40 − (13 ＋ 5 ＋ 8) ＝ 14

解答　E

70人の学生に国語と数学のテストをした。国語が60点以上であった者は30人，数学が60点以上であった者は25人であった。また，国語，数学とも60点に達しなかった者は28人であった。このとき，両科目とも60点以上であった者は何人か。

| A | 11人 | B | 12人 | C | 13人 |
| D | 14人 | E | 15人 | | |

マトリックス表を使う方法もある。

| | | 国語 | | 合　計 |
		60点以上の者	60点未満の者	
数学	60点以上の者	㋐	㋑	25
	60点未満の者	㋒	28	㋓
	合　計	30	㋔	70

解 き 方

与えられた条件をマトリックス表にまとめると，上表のようになる。最初に注目する箇所は㋓。

$$25 + ㋓ = 70 \qquad \therefore \quad ㋓ = 45$$

㋓に45がはいることで，㋒が計算できる。

$$㋒ + 28 = 45 \qquad \therefore \quad ㋒ = 17$$

㋒に17がはいることで，㋐が計算できる。

$$㋐ + 17 = 30$$

よって，㋐（両科目とも60点以上であった者）は13人。

なお，㋐に13がはいることで，㋑が計算できる。

$$13 + ㋑ = 25 \qquad \therefore \quad ㋑ = 12$$

㋔については，$30 + ㋔ = 70 \qquad \therefore \quad ㋔ = 40$

解答　C

別解

ベン図を使うと，下のようになります。

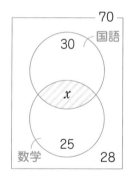

斜線部をxとすると，次式が成立します。

$$70 - 28 = 30 + 25 - x$$
$$42 = 55 - x$$
$$\therefore x = 13$$

1. 営業課の53人の従業員にアンケートを取ったところ，テニスが好きな人が38人，テニスとサッカーの両方が好きな人が17人，テニスもサッカーも好きでない人が9人いた。サッカーが好きな人は何人いるか。

   A 22人   B 23人   C 24人

   D 25人   E 26人

2. 帰国子女139人を対象に語学の調査を行った。この結果，英語を話せる人は91人，フランス語を話せる人は58人，ドイツ語を話せる人は59人であった。また，2か国語だけを話せる人は46人，1か国語だけ話せる人は71人であった。このとき，英語，フランス語，ドイツ語のいずれも話せない人は何人いるか。

   A 5人   B 6人   C 7人

   D 8人   E 9人

3. あるスポーツジムに通っている50人を対象に，水泳，野球，バレーボールの3つについて，過去にこれらのスポーツをしたことがあるかどうかを調べたところ，3つのスポーツのうち少なくとも1つのスポーツをしたことのある人が42人いた。そして，これらの人について次のことがわかった。
   - 水泳をしたことのある人は31人いた。
   - 野球をしたことのある人は31人いた。
   - バレーボールをしたことのある人は32人いた。
   - 水泳と野球をしたことのある人は21人いた。
   - 野球とバレーボールをしたことのある人は23人いた。
   - 水泳とバレーボールをしたことのある人は22人いた。

このとき，3つのスポーツ全部をしたことのある人は何人か。

   A 10人   B 11人   C 12人

   D 13人   E 14人

解答・解説　集　合

1. 解答　**B**

テニスが好きな人が 38 人であることから，右図において，ア＋イ＝ 38。
テニスとサッカーの両方が好きな人が 17 人であることから，イ＝ 17。
よって，ア＋ 17 ＝ 38　∴ア＝ 21
全体が 53 で，ア＝ 21，イ＝ 17，エ＝ 9 より，
　53 ＝ 21 ＋ 17 ＋ウ＋ 9　∴　ウ＝ 6
求めるものは，イ＋ウ＝ 17 ＋ 6 ＝ 23（人）

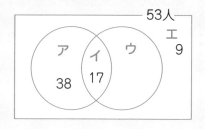

2. 解答　**C**

右図において，$a + d + g + e = A$，$b + d + g + f$
$= B$，$c + e + g + f = C$ とすると，次式が成立する。
　$A + B + C = a + b + c + 2（d + e + f）+ 3g$
本問の場合，$A = 91$，$B = 58$，$C = 59$，$a + b + c$
$= 71$，$d + e + f = 46$ であることから，
　　$91 + 58 + 59 = 71 + 2 × 46 + 3g$
　　　　　　　$3g = 208 - 71 - 92 = 45$
　　　　　　　　$∴ g = 15$
また，
$（a + b + c）+（d + e + f）+ g = 71 + 46 + 15 = 132$
したがって，求めるものは，$139 - 132 = 7$（人）

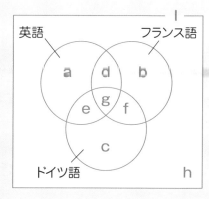

3. 解答　**E**

3 つのスポーツのうち少なくとも 1 つのスポーツをし
たことのある人が 42 人いるので，
少なくとも 2 つのスポーツをしたことのある人は，
　$（31 + 31 + 32）- 42 = 52$（人）
また，2 つのスポーツをしたことのある人が 21 人，
23 人，22 人いるので，3 つのスポーツをしたことの
ある人の人数を x とおくと，次式が成立する。
　　$52 =（21 + 23 + 22）- x$
　　$x = 66 - 52$
　　　$= 14$（人）

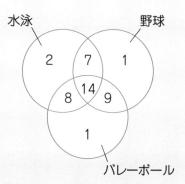

20 1次関数,2次関数のグラフ

・・・・例題 1 ・・・・

右図は，$y = \dfrac{1}{2}x + 1$，$y = -\dfrac{3}{2}x + 5$のグラフである。

2つのグラフの交点Pの座標はいくらか。

A $\left(\dfrac{3}{2}, \dfrac{3}{2}\right)$ B $\left(\dfrac{3}{2}, 2\right)$

C $\left(2, \dfrac{3}{2}\right)$ D $(2, 2)$

E $(2, 3)$

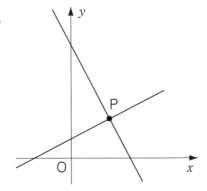

Point 2つの直線の交点の座標は，グラフからは読みとれない。
よって，2つの式を連立方程式として解く。

交 ● 点

追 加

$x = 0$ と $y = 0$

これをグラフにかくと下のようになります。

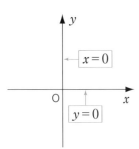

$x = 0$

$y = 0$

解き方

$$y = \dfrac{1}{2}x + 1 \cdots\cdots ① \qquad y = -\dfrac{3}{2}x + 5 \cdots\cdots ②$$

①と②より，

$$\dfrac{1}{2}x + 1 = -\dfrac{3}{2}x + 5$$

$$\dfrac{1}{2}x + \dfrac{3}{2}x = 5 - 1$$

$$2x = 4$$

$$x = 2 \cdots\cdots ③$$

③を①に代入すると，

$$y = \dfrac{1}{2} \times 2 + 1$$

$$= 1 + 1 = 2$$

以上より，P $(2, 2)$

解答 D

右図は, $y = x^2 - 1$, $y = -\dfrac{1}{2}x + 2$ のグラフである。

2つのグラフの交点Pの座標はいくらか。

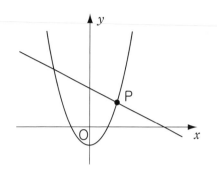

A $\left(\dfrac{3}{2}, \dfrac{3}{4}\right)$ B $\left(\dfrac{3}{2}, \dfrac{5}{4}\right)$

C $\left(\dfrac{3}{2}, \dfrac{3}{2}\right)$ D $\left(2, \dfrac{3}{2}\right)$

E $\left(2, \dfrac{5}{4}\right)$

1次関数と2次関数の交点の座標も,
2つの式を連立方程式として解く。
その際,1次関数の「xの1次式」を
2次関数の「y」に代入する。

xの1次式

$$y = ax + b$$
$$\downarrow$$
$$y = x^2 + c$$

解き方

$y = x^2 - 1$ ……① $y = -\dfrac{1}{2}x + 2$ ……②

②を①に代入すると,

$$-\dfrac{1}{2}x + 2 = x^2 - 1$$

両辺に2をかけて,整理すると,

$$2x^2 + x - 6 = 0$$
$$(2x - 3)(x + 2) = 0$$
$$x = \dfrac{3}{2}, \ x = -2$$

交点Pのx座標は$x > 0$であることから,$x = -2$は不適。

よって,$x = \dfrac{3}{2}$ ……③

③を②に代入すると,

$$y = -\dfrac{1}{2} \times \dfrac{3}{2} + 2 = -\dfrac{3}{4} + 2 = \dfrac{5}{4}$$

以上より,P$\left(\dfrac{3}{2}, \dfrac{5}{4}\right)$

追加

x切片とy切片

　これをグラフにかくと
下のようになります。

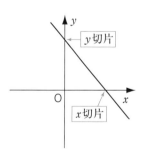

　つまり,x切片とは,
グラフがx軸と交わる点
のx座標のことをいいま
す。

解答　B

アシスト

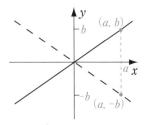

1. 直線 $y = 2x + 6$ に対して, x 軸について対称な直線の式はどれか。

    A $y = 2x - 6$ **B** $y = -2x + 6$ **C** $y = -\dfrac{1}{2}x + 6$

    D $y = -2x - 6$ **E** $y = \dfrac{1}{2}x + 6$

コーチ

2つの式を連立方程式として解く。

2. $2x + 3y = 5$, $5x - 3y = 4$, の2つのグラフの交点の座標はどれか。

    A $\left(\dfrac{8}{7}, \dfrac{15}{21}\right)$ **B** $\left(\dfrac{8}{7}, \dfrac{17}{21}\right)$ **C** $\left(\dfrac{9}{7}, \dfrac{15}{21}\right)$

    D $\left(\dfrac{9}{7}, \dfrac{17}{21}\right)$ **E** $\left(\dfrac{9}{7}, \dfrac{19}{21}\right)$

アシスト

$y = (x - a)^2 + b$ の形に変形する。

3. $y = x^2 - 4x + 3$ のグラフの頂点はどれか。

    A $(1, 1)$ **B** $(1, -1)$ **C** $(2, 1)$

    D $(2, -1)$ **E** $(-2, 1)$

アシスト

$y = a(x + b)^2 + c$ の形に変形する。

4. $y = 3x^2 + 9x + 7$ のグラフの頂点はどれか。

    A $\left(-\dfrac{3}{2}, \dfrac{1}{4}\right)$ **B** $\left(-\dfrac{3}{2}, -\dfrac{1}{4}\right)$ **C** $\left(-\dfrac{5}{2}, \dfrac{1}{4}\right)$

    D $\left(-\dfrac{5}{2}, -\dfrac{1}{4}\right)$ **E** $\left(-\dfrac{5}{2}, -\dfrac{3}{4}\right)$

コーチ

$y = 4x - 7$ を
$y = -x^2 - 2$ に代入する。

5. $y = -x^2 - 2$, $y = 4x - 7$, の2つのグラフの交点のうち, $x > 0$ の交点の座標はどれか。

    A $(1, -3)$ **B** $(2, 1)$ **C** $(3, 5)$

    D $(4, 9)$ **E** $(5, 13)$

解答・解説　１次関数，２次関数のグラフ

1. 解答　D

点 (x, y) と，x 軸について対称な
点は $(x, -y)$ である。したがって，
求めるものは，$-y = 2x + 6$

$\quad \therefore y = -2x - 6$

重要

点 (a, b) と
- x 軸について対称な点 → $(a, -b)$
- y 軸について対称な点 → $(-a, b)$
- 原点について対称な点 → $(-a, -b)$

2. 解答　D

$$2x + 3y = 5$$
$$\underline{+)\ 5x - 3y = 4}$$
$$7x \qquad = 9$$

$\quad \therefore x = \dfrac{9}{7}$

$2x + 3y = 5$ より

$2 \times \dfrac{9}{7} + 3y = 5 \qquad 3y = 5 - \dfrac{18}{7} = \dfrac{17}{7}$

$\quad \therefore y = \dfrac{17}{21}$

以上より，交点の座標は $\left(\dfrac{9}{7}, \dfrac{17}{21} \right)$

3. 解答　D

$y = x^2 - 4x + 3 = (x - 2)^2 + 3 - 4$
$\qquad\qquad\qquad = (x - 2)^2 - 1$

したがって，頂点は $(2, -1)$

4. 解答　A

$y = 3x^2 + 9x + 7 = 3\,(x^2 + 3x) + 7 = 3\left(x + \dfrac{3}{2}\right)^2 + 7 - 3 \times \left(\dfrac{3}{2}\right)^2$

$= 3\left(x + \dfrac{3}{2}\right)^2 + 7 - 3 \times \dfrac{9}{4} = 3\left(x + \dfrac{3}{2}\right)^2 + \dfrac{28}{4} - \dfrac{27}{4} = 3\left(x + \dfrac{3}{2}\right)^2 + \dfrac{1}{4}$

したがって，頂点は $\left(-\dfrac{3}{2}, \dfrac{1}{4}\right)$

5. 解答　A

$y = -x^2 - 2$ ……① $\qquad y = 4x - 7$ ……② $\qquad$ ②を①に代入すると，

$4x - 7 = -x^2 - 2 \qquad x^2 + 4x - 5 = 0 \qquad (x + 5)(x - 1) = 0$

$\therefore x = 1, \ x = -5 \qquad$ しかし，$x > 0$ より，$x = -5$ は不適

$x = 1$ を $y = 4x - 7$ に代入すると，$y = 4 \times 1 - 7 = 4 - 7 = -3$

以上より，求めるものは $(1, -3)$

21 不等式と領域

例 題

次の2つの式で示される直線と x 軸，y 軸により，右のように全体は 10 の領域に分かれる。

　Ⅰ　$y = 2x + 4$
　Ⅱ　$y = -x - 2$

上の2つの式を以下のような不等式に変えた場合，これらの条件をすべて満たす領域は A ～ E のうちどれか。

　Ⅰ　$y > 2x + 4$
　Ⅱ　$y < -x - 2$

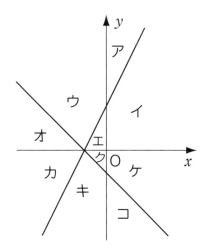

A　ア, ウ　　　　　B　イ, エ, ク, ケ　　　　　C　エ, ク
D　オ, カ　　　　　E　キ, コ

P_{oint}

与えられた式に (0, 0) を入れてみる。
その結果，不等式が成立すれば，該当する領域に原点 (0, 0) が含まれることになる。
不等式が成立しない場合，該当する領域に原点 (0, 0) は含まれないことになる。この場合，該当する領域はその反対側となる。

$y > 2x + 4$
$0 > 2 \times 0 + 4$
$0 > 4$
不成立

$y < -x - 2$
$0 < -0 - 2$
$0 < -2$
不成立

解き方

$y > 2x + 4$ に，$(0, 0)$ を入れてみると，

　　$0 > 4$　よって，不成立。

したがって，該当する領域は原点 $(0, 0)$ のある反対の領域となる。

つまり，ア，ウ，オ，カである。念のため，ウの領域にある $(-2, 4)$ を入れてみると，

　　$4 > 2 \times (-2) + 4$

　　$4 > 0$　よって，成立。

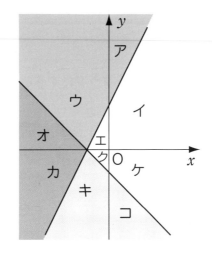

$y < -x - 2$ に，$(0, 0)$ を入れてみると，

　　$0 < -2$　よって，不成立。

したがって，該当する領域の原点 $(0, 0)$ のある反対の領域となる。

つまり，オ，カ，キ，コである。

求めるものは，「ア，ウ，オ，カ」「オ，カ，キ，コ」の重なった領域であるので，「オ，カ」となる。

解答　D

　原点 $(0, 0)$ を入れなければならない，ということはありません。たとえば，$(0, 1)$ のように直線上にない点であればよいのです。

　$(0, 1)$ を $y > 2x + 4$ に入れてみると，

　　$1 > 2 \times 0 + 4$

　　$1 > 4$

　不成立。よって，該当する領域は $(0, 1)$ のある領域の反対の領域となります。

不等式と領域

コーチ

$y>-\dfrac{1}{2}x$ の該当する

領域を決める場合，$y=-\dfrac{1}{2}x$ の直線上になく，かつ，計算が簡単な点を選ぶ。たとえば，$(1,1)$，$(2,0)$ などである。

$x>0$ の領域は，下図の斜線部。

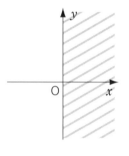

$y<0$ の領域は，下図の斜線部。

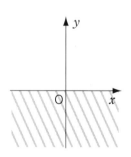

次の４つの式をグラフにすると，下図のように全体は 12 の領域に分けられる。

Ⅰ　$x=0$　　　　Ⅱ　$y=0$

Ⅲ　$y=-\dfrac{1}{2}x$　　Ⅳ　$y=-\dfrac{1}{4}x^2+2$

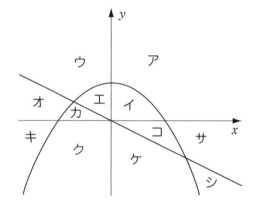

1. Ⅲ，Ⅳの２つの式を以下のような不等式に変えた場合，これらの条件をすべて満たす領域はA〜Eのうちどれか。

Ⅲ　$y<-\dfrac{1}{2}x$　　Ⅳ　$y>-\dfrac{1}{4}x^2+2$

A　ア，ウ，サ　　B　イ，エ，コ　　C　ウ，オ，キ

D　オ，キ，シ　　E　カ，ク，ケ

2. Ⅰ〜Ⅳの４つの式を以下のような不等式に変えた場合，これらの条件をすべて満たす領域はA〜Eのうちどれか。

Ⅰ　$x>0$　　　　Ⅱ　$y<0$

Ⅲ　$y>-\dfrac{1}{2}x$　　Ⅳ　$y<-\dfrac{1}{4}x^2+2$

A　イ　　　　　B　イ，エ　　　C　ク

D　ケ　　　　　E　コ

解答・解説　不等式と領域

1. 解答　D

$y < -\dfrac{1}{2}x$ に，$(1, 1)$ を入れてみると，

$\qquad 1 < -\dfrac{1}{2} \times 1 \qquad 1 < -\dfrac{1}{2}$

不成立。したがって，該当する領域は $(1, 1)$
のある反対の領域になる。つまり，「オ，カ，
キ，ク，ケ，シ」である。

$y > -\dfrac{1}{4}x^2 + 2$ に，$(1, 1)$ を入れてみると，

$\qquad 1 > -\dfrac{1}{4} \times 1^2 + 2$

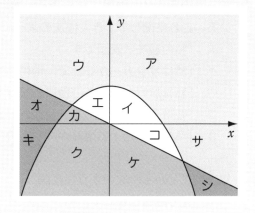

$1 > 1\dfrac{3}{4}$　不成立。つまり，該当する領域は「ア，ウ，イ，キ，サ，シ」。

求めるものは，「オ，カ，キ，ク，ケ，シ」と「ア，ウ，オ，キ，サ，シ」の重なる領域な
ので，「オ，キ，シ」となる。

2. 解答　E

$y < -\dfrac{1}{2}x$ の該当する領域が「オ，カ，キ，ク，ケ，シ」であるので，

$y > -\dfrac{1}{2}x$ の該当する領域は「ア，イ，ウ，エ，コ，サ」となる。

$y > -\dfrac{1}{4}x^2 + 2$ の該当する領域が「ア，ウ，オ，キ，サ，シ」であるので，

$y < -\dfrac{1}{4}x^2 + 2$ の該当する領域は「イ，エ，カ，ク，ケ，コ」である。

これらの領域が重なるのは，「イ，エ，コ」である。
そして，これに，$x > 0$ の条件を加えると，「イ，コ」となる。
さらに，$y < 0$ の条件を加えると，「コ」だけとなる。

例題

ア～オの5人は，映画，サッカー，旅行，音楽の4つのうち，それぞれ2つ趣味を持っている。これに関して，5人は次のように言っている。

ア 「私の趣味は映画です。」
イ 「私はサッカーが好きで，他にも好きな人が2人います。」
ウ 「私は旅行が好きで，他にも好きな人が2人います。」
エ 「私は音楽が好きです。音楽が好きな人でサッカーが好きな人はいません。」
オ 「私の趣味とイの趣味が同じものは1つもありません。」

以上のことから，次のような推論（Ⅰ）～（Ⅲ）があげられた。

Ⅰ イの趣味は映画である。
Ⅱ エの趣味は旅行である。
Ⅲ オの趣味は旅行である。

A～Eのうち正しいものはどれか。

A Ⅰだけが正しい	B Ⅱだけが正しい	C Ⅲだけが正しい
D ⅠとⅡが正しい	E ⅡとⅢが正しい	

Point

表を作る。
与えられた条件をもとに適するものには○印，
不適切なものには×印をつけていく。
そして，相関関係に注意しながら空欄を埋めていく。

	映	サ	旅
ア	○		
イ		×	

アドバイス

粘るクセをつける！

次ページの（表1）の作成はだれでもできます。勝負はそれをもとに（表2）をつくることにあります。

解き方

次ページの（表1）に示されるように，アの発言から，アの「映画」の欄は「○」となる。イの発言から，イの「サッカー」の欄は「○」となる。また，サッカーが好きな人は合計3人いることになるので，サッカーの下の欄に「3人」と記入しておく。ウの発言から，ウの「旅行」の欄は「○」となり，旅行の下の欄に「3人」と記入しておく。

エの発言から，エの「音楽」の欄は「○」，「サッカー」の欄は「×」となる。また，エの発言から，「サッカー」が好きな人で，音楽が好きな人はいない」ので，イの「音楽」の欄は「×」となる。オの発言から，「サッカー」の欄は「×」，「音楽」の欄は「○」となる。

以上を表にまとめたのが（表1）である。

再度，（表1）を見てもらいたい。サッカーの好きな人は3人いる。すでに，エとオはサッカーが好きでないことは判明しているので，残りのアとウは「サッカー」が好きということになる。

ア〜オの5人の趣味はそれぞれ2つである。アは「映画」と「サッカー」，ウは「サッカー」と「旅行」が好きなので，アは「旅行」「音楽」，ウは「映画」「音楽」がそれぞれ好きでないことになる。

イとオの趣味が同じものは1つもない。そこで，旅行の欄を見てみよう。旅行が好きな人は合計3人いる。よって，イ，エ，オのうち，旅行が好きな人は2人いる。イが好きな場合，オは好きではなく，反対に，イが好きでない場合，オは好きなので，いずれの場合にせよ，エは「旅行」が好きということになる。この結果，エの「映画」の欄は「×」となる。

以上を表にまとめたのが（表2）である。イとオの「映画」と「旅行」については与えられた条件だけでは，○か×かの断定はできない。

解答　B

（表1）の状態であるとあまりにも空欄が多いので，その時点で"オカシイ"と感じなければなりません。

次への手がかりは，「サッカー」と「旅行」の欄の下に書いた「3人」です。

この種の問題は，与えられた条件のすべてをフル活用しないことには正解にたどりつけないようになっています。この「3人」と各人の趣味の数がそれぞれ「2つ」を活用することで，（表2）を作ることができるのです。

"頭の回転のよさ"のほかに"粘り"が必要となるので，この種の問題に多くあたることで，"粘り"を身につけましょう。

（表1）

	映画	サッカー	旅行	音楽
ア	○			
イ		○		×
ウ			○	
エ		×		○
オ		×		○
		3人	3人	

（表2）

	映画	サッカー	旅行	音楽
ア	○	○	×	×
イ		○		×
ウ	×	○	○	×
エ	×	×	○	○
オ		×		○
		3人	3人	

「甲は1勝2敗だった」と「丁は1勝した」については後回しにし，とりあえず，「○」と「×」が容易にできる「乙は甲と丁に勝った」「丙は丁に勝った」について表に記入する。

1. 甲，乙，丙，丁の4人が総当たりで腕ずもうを行った。引き分けはなく，次のことがわかった。

- ・甲は1勝2敗だった。
- ・乙は甲と丁に勝った。
- ・丙は丁に勝った。
- ・丁は1勝した。

以上のことが分かっているとき，次のような推論Ⅰ～Ⅲがあげられた。

- Ⅰ　甲は丙に勝った。
- Ⅱ　丙は乙に負けた。
- Ⅲ　全勝した者が1人いる。

A～Eのうち正しいものはどれか。

- A　Ⅰだけが正しい　　　B　Ⅱだけが正しい
- C　Ⅲだけが正しい　　　D　ⅠとⅡが正しい
- E　ⅠとⅢが正しい

円卓問題の場合，基準になるものの位置をどこにおいてもよい。下図でいえば，ア，イ，ウ，エ，オ，カのどこでもよい。

ア
イ　　　カ
ウ　　　オ
エ

2. G～Lの6人が円卓のまわりに等間隔に並んでいる。このとき，次のことがわかっている。

- ・Gの向かい側にLが座っている。
- ・IとJと向かい合っている。
- ・Gの右隣りにHが座っている。

以上のことがわかっているとき，次のような推論Ⅰ～Ⅲがあげられた。

- Ⅰ　Lの右隣りはKである。
- Ⅱ　Gの左隣りはIである。
- Ⅲ　HとKは向かい合っている。

A～Eのうち正しいものはどれか。

- A　Ⅰだけが正しい　　　B　Ⅱだけが正しい
- C　Ⅲだけが正しい　　　D　ⅠとⅡが正しい
- E　ⅠとⅢが正しい

解答・解説　推　論①

1. 解答　**A**

条件「乙は甲と丁に勝った」「丙は丁に勝った」を「○」「×」で表すと，（表1）となる。

（表1）をもとに，条件「丁は1勝した」を「○」「×」で表すと，「丁は甲に勝った」ことになる。つまり，「甲は丁に負けた」ことになる。

条件より「甲は1勝2敗だった」ので，「甲は丙に勝った」ことになる。

以上を表にまとめたものが（表2）である。

（表2）を見てわかるように，乙と丙の対戦結果については不明である。したがって，推論のⅢ「全勝した者が1人いる」は正しいとはいえない。

（表1）

	甲	乙	丙	丁
甲		×		
乙	○			○
丙				○
丁		×	×	

（表2）

	甲	乙	丙	丁
甲		×	○	×
乙	○			○
丙	×			○
丁	○	×	×	

2. 解答　**E**

円卓問題の場合，基準となるものを決めることがポイントになる。

3つの条件の中で，Gが2回登場しているので，これを基準に考えるのがよい。3つの条件を図示すると，2つのケースがあることがわかる。

2つの図からわかるように，Gの左隣りはIとJのケースがあるので，推論Ⅱは正しいとはいえない。

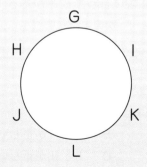 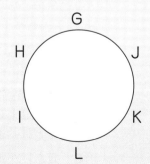

1. G～Nの8人が卓球のトーナメントの試合を行った。結果について，次のことがわかっている。

　　・KとMは対戦しなかった。

　　・IとLの試合数は同じであった。

　　・HはJに負けた。

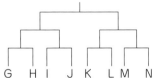

以上のことがわかっているとき，次のような推論I～Ⅲがあげられた。

　　I　決勝はJとKであった。

　　Ⅱ　LとMは対戦した。

　　Ⅲ　Nは1回戦に勝った。

A～Eのうち正しいものはどれか。

　　A　Iだけが正しい　　　　**B**　Ⅱだけが正しい

　　C　Ⅲだけが正しい　　　　**D**　IとⅡが正しい

　　E　IとⅢが正しい

2. P，Q，R，Sの4人の女性に，札幌，鎌倉，京都，長崎について行ったことがあるかどうかをたずねた。その結果，次のことがわかった。

　　・札幌に行ったことのある人はPを含めて2人いた。

　　・鎌倉に行ったことのある人はQを含めて2人いた。

　　・京都に行ったことのある人はRを含めて3人いた。

　　・QとRは行った所がまったく異なった。

　　・長崎に行ったことのある人は2人いた。

　　・Sは鎌倉と長崎に行ったことがなかった。

　　・QとRのどちらかは札幌に行ったことがある。

以上のことがわかっているとき，次のような推論I～Ⅲがあげられた。

　　I　Pは長崎に行ったことがある。

　　Ⅱ　Qは札幌に行ったことがある。

　　Ⅲ　Sは札幌に行ったことがない。

A～Eのうち正しいものはどれか。

　　A　Iだけが正しい　　　　**B**　Ⅱだけが正しい

　　C　Ⅲだけが正しい　　　　**D**　IとⅡが正しい

　　E　IとⅢが正しい

1.　解答　**C**

　3つの条件が示されているが，まず注目するのは「HはJに負けた」である。これから，次のことがわかる。

　　・1回戦で，HはGに勝った。
　　・1回戦で，JはIに勝った。

　条件「IとLの試合数は同じであった」ことから，「1回戦で，LはKに負けた」ことになる。

　条件「KとMは対戦しなかった」より，「1回戦で，MはNに負けた」ことになる。なお，与えられた条件からはKとNの対戦結果は不明である。したがって，推論Iは正しくないことになる。

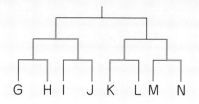

2.　解答　**E**

　条件「札幌に行ったことのある人はPを含めて2人いた」「鎌倉に行ったことのある人はQを含めて2人いた」「京都に行ったことのある人はRを含めて3人いた」を「○」と「×」を使って表に記入すると，（表1）となる。

　（表1）をもとに，条件「QとRは行った所がまったく異なった」「Sは鎌倉と長崎に行ったことがなかった」「長崎に行ったことのある人は2人いた」を「○」と「×」を使って表に記入すると，（表2）となる。

　Pが長崎に行ったことになるのは，QとRの行った所はまったく異なることから，QとRのどちらかは長崎に行ったことになる。長崎に行ったことのある人は2人なので，Pは長崎に行ったことになる。

　Sが札幌に行ったことがないことになるのも，QとRのどちらかが札幌に行ったことがあるためである。

（表1）

	P	Q	R	S	
札幌	○				2人
鎌倉		○			2人
京都			○		3人
長崎					

（表2）

	P	Q	R	S	
札幌	○			×	2人
鎌倉	○	○	×	×	2人
京都	○	×	○	○	3人
長崎	○			×	2人

23 道順・手順

例題 1

下図のXからYへ行く最短経路は何通りあるか。

- A 102通り
- B 110通り
- C 118通り
- D 126通り
- E 134通り

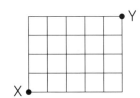

Point
右図の場合，XからYへ行く最短経路は，右（→）に2回，上（↑）に2回行かなければならないので，合計4回進むことになる。そこで，4回進むうち，上に2回行く方法は何通りあるかを考えると，6通りある。

確認

5から始まり，
5，4，3と3つ並べる

$${}_5C_3 = \dfrac{5 \times 4 \times 3}{3 \times 2 \times 1}$$

3から始まり，
3，2，1と3つ並べる

6から始まり，
6，5，4，3と4つ並べる

$${}_6C_4 = \dfrac{6 \times 5 \times 4 \times 3}{4 \times 3 \times 2 \times 1}$$

4から始まり，
4，3，2，1と4つ並べる

8から始まり，
8，7と2つ並べる

$${}_8C_2 = \dfrac{8 \times 7}{2 \times 1}$$

2から始まり，
2，1と2つ並べる

解き方

4回進むうち，上に2回行く方法は6通りあるが，これは4個のものから2個を取り出す組合せと同じなので，

$${}_{2+2}C_2 = {}_4C_2 = \dfrac{4 \times 3}{2 \times 1} = 6 \ （通り）$$

一般には，右（→）に m（回），上（↑）に n（回）行くとき，その最短経路は，

$${}_{m+n}C_n \quad あるいは \quad {}_{m+n}C_m となる。$$

例題1の場合，XからYに行く最短経路は，右（→）に5回，上（↑）に4回行くことになるので，

$${}_{5+4}C_4 = {}_9C_4 = \dfrac{9 \times 8 \times 7 \times 6}{4 \times 3 \times 2 \times 1} = 126 \ （通り）$$

$${}_{5+4}C_5 = {}_9C_5 = \dfrac{9 \times 8 \times 7 \times 6 \times 5}{5 \times 4 \times 3 \times 2 \times 1} = 126 \ （通り）$$

解答 D

下図のような地区があるとき，点Xから点Yまで最短距離で行く方法は何通りあるか。ただし，■は民家であり，池の中は通れないものとする。

A 34通り
B 38通り
C 40通り
D 44通り
E 48通り

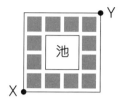

 与えられた図の道路を線で表す。
下図（図1）のように，Xの真上の点と右側の点のすべてに1を記入する

解き方

図1のように，問題文の図の道を線で表す。そして，図1に示されてあるように，Xの真上の点と右側の点のすべてに1を記入する。次に，図2を見ていただきたい。点Pが1，点Qが1の場合，Rは1+1＝2となる。図3を見ていただきたい。点Sが9，点Tが8の場合，点Uは9+8＝17となる。したがって，図1より，求めるものは34（通り）となる。

確 認

最短距離での行き方を求める方法は，前問（例題1）で示した「組合せ」を使うほかに，本問のような方法もあります。
　どちらの方法を使うかについては問題文の内容から，臨機応変に決めましょう。

（図1）

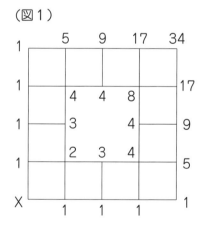

（図2）

（図3）

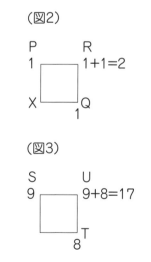

解答 A

コーチ

　下図のXからYへ行く
最短経路の道順の数を
求める場合，下図に示さ
れてあるように任意に点
Pをおくとよい。

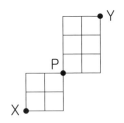

1. 下図のXからYへ行く最短経路は何通りあるか。

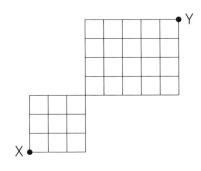

A　138通り

B　146通り

C　2,160通り

D　2,520通り

E　2,640通り

コーチ

　下図において，点Xか
ら点Pへ最短経路を通っ
て行く道順の数と，点P
から点Yへ最短経路を通
って行く道順の数を求め
てみよう。

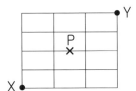

2. 下図において，点Pは工事中である。このとき，点Xから点
Yへ最短経路を通って行く道順の数は，工事中の点Pを通っても
よいときと，点Pを通ってはいけないとするときでは，前者は
後者を何通り上回るか。

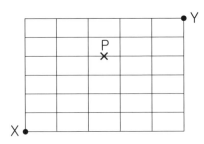

A　70通り

B　76通り

C　80通り

D　86通り

E　90通り

1. 解答　D

右図のように，任意に点Pを決めてみる。

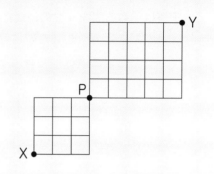

そこで，まず，点Xから点Pに行く最短経路は何通りあるか，計算する。この場合，右（→）に3回，上（↑）に3回行くことになるので，次式が成立する。

$$_{3+3}C_3 = {}_6C_3 = \frac{6 \times 5 \times 4}{3 \times 2 \times 1} = 20（通り）$$

次に，点Pから点Yに行く最短経路は何通りあるか，計算する。この場合，右（→）に5回，上（↑）に4回行くことになるので，次式が成立する。

$$_{5+4}C_4 = {}_9C_4 = \frac{9 \times 8 \times 7 \times 6}{4 \times 3 \times 2 \times 1} = 9 \times 7 \times 2 = 126（通り）$$

以上より，求めるものは，$20 \times 126 = 2,520$（通り）

2. 解答　E

求められている道順の数は，点Xから点Yへの最短経路の道順の数から，点Pを通らない道順の数を引いたものである。つまり，点Xから点Pを通り，点Yへ行く道順の数である。

点Xから点Pへ行く最短経路の道順の数は，

$$_{2+4}C_2 = {}_6C_2 = \frac{6 \times 5}{2 \times 1} = 15（通り）$$　一方，点Pから点Yへ行く最短経路の道順の数は，

$$_{2+2}C_2 = {}_4C_2 = \frac{4 \times 3}{2 \times 1} = 6（通り）$$

以上より，$15 \times 6 = 90$（通り）

また，次の方法でも解ける。

24 数表の読み取り

例題 1

下表は，ある国を4つの地域に区分し，地域間の人口移動を調べたものである。

（単位：万人）

流出地域＼流入地域	R	S	X	Y	計
R		80	60	40	180
S	70		100	80	250
X	100	50		40	190
Y	60	100	120		280
計	230	230	280	160	

上表から，流入人口が流出人口を最も大きく上回っているのはどこか。

A　R地域　　　　　B　S地域　　　　　C　X地域

D　Y地域　　　　　E　S地域とY地域

・与えられた数表を100％理解する。
・流出したら，どこかに流入することになるので，流出人口＝流入人口。

確 認

R地域，S地域，X地域，Y地域の4地域の流出人口の総合計と，4地域の流入人口の総合計は等しいものとなります。
流出人口の総合計＝180＋250＋190＋280＝900
流入人口の総合計＝230＋230＋280＋160＝900

解き方

まずR地域から他の地域にどれだけ流出しているかを見る。これは「流出地域R」に着目し，Rの欄の真横の数字を見ればよい。すると，S地域に「80」，X地域に「60」，Y地域に「40」流出していることがわかる。80＋60＋40＝180。つまり，R地域から流出した人口は合計「180」となる。

次に，R地域に他の地域からどれだけ流入しているかを見る。これは「流入地域R」に着目し，Rの欄の真下の数字を見ればよい。すると，S地域から「70」，X地域から「100」，Y地域から「60」流入していることがわかる。70＋100＋60＝230　つまり，R地域に流入した人口は合計「230」となる。

以上より，R地域の場合，流入人口が流出人口を50（230－180＝50）上回っている。

なお，X地域の場合，流入人口が流出人口を90（280－190＝90）上回っている。

解答　C

例題②

下表は，ある学校の生徒について，男女別通学方法を調べた結果である。この学校の生徒総数は800人で，そのうち男子生徒は60%，女子生徒は40%である。

通学方法	男女計（%）	女子計（%）
徒　歩	32	20
自転車	28	40
バ　ス	24	30
電　車	16	10

上表から，徒歩で通学する男子生徒は自転車で通学する女子生徒より何人多いか。

A　60人　　　　　B　64人　　　　　C　68人

D　72人　　　　　E　76人

 ・与えられた条件をよく読むこと。
・最初に，通学方法別に女子の数を計算する。次に，通学方法別に男女計の人数を計算し，男子の数を出す。

解き方

生徒の総数は800人で，そのうち女子生徒は40%であるので，女子の生徒数は $800 \times 0.4 = 320$（人）

与えられた表には，通学方法別の女子の構成比が示されているので，これを使って通学方法別の女子の人数を計算する。

通学方法	女子計（人）	男女計（人）	男子計（人）
徒　歩	64	256	192
自転車	128	224	96
バ　ス	96	192	96
電　車	32	128	96

次に，上表に示されているように，通学方法別の男女計の人数を試算する。

この結果，通学方法別の男女計の人数から，通学方法別の女子の人数を差し引けば，通学方法別の男子計の人数が出る。

すると，徒歩の場合，$256 - 64 = 192$

　　　　自転車の場合，$224 - 128 = 96$

　　　　バスの場合，$192 - 96 = 96$

　　　　電車の場合，$128 - 32 = 96$

以上より，徒歩で通学する男子生徒は192人，自転車で通学する女子生徒は128人。ゆえに，求めるものは，$192 - 128 = 64$（人）

解答　B

アドバイス

　本番のSPIを受けたとき，左表のような表をばっちり作成していたら時間がかかってしまいます。よって，求められている，「女子の自転車」と「男子の徒歩」だけを計算し，その差を求めましょう。

練習問題　数表の読み取り

アシスト

P国の中の，たとえば，25～30歳と41～50歳の賃金比較はできる。しかし，P国とQ国，P国とR国，Q国とR国というように，異なる国の賃金比較はできない。

1. 下表は，P～R3か国の年齢別の賃金を20～24歳を100として表したものである。

国＼年齢	25～30	31～40	41～50	51～60
P	110	140	130	120
Q	150	180	200	190
R	120	160	180	170

ア～ウについて，上表から正しくいえるものだけを組み合わせたものはA～Eのうちどれか。

　ア　3か国の中で，賃金水準が最も高いのはQ国である。

　イ　R国においては，41～50歳の賃金は25～30歳の賃金の1.5倍である。

　ウ　Q国の31～40歳の賃金は，P国の41～50歳の賃金の約1.4倍である。

　A　アだけ　　　B　イだけ　　　C　ウだけ
　D　アとウ　　　E　イとウ

コーチ

身長155cm未満といった場合，155cmは含まない。しかし，身長155cm以上といった場合，155cmは含む。

2. 下表は，あるクラブ50名の身長と体重の分布を調べたものである。

体重（kg）＼身長（cm）	145以上150未満	150以上155未満	155以上160未満	160以上165未満
30以上40未満	4	5	2	0
40以上50未満	6	11	8	2
50以上60未満	0	0	8	4

ア～ウについて，上表から正しくいえるものだけを組み合わせたものはA～Eのうちどれか。

　ア　体重が50kg以上の者の全体に占める割合は24％である。

　イ　身長155cm以上の者で，かつ体重が50kg以下の者は全体で12名いる。

　ウ　体重が50kg未満の者のうち，身長が155cm未満の者の割合は65％を上回っている。

　A　アだけ　　　B　イだけ　　　C　ウだけ
　D　アとイ　　　E　アとウ

解答・解説　数表の読み取り

1. 解答 **B**

　本問は指数に関する問題である。各国の20〜24歳の賃金を100として，25〜30歳，31〜40歳，41〜50歳，51〜60歳の賃金を指数で表したものである。

ア：Q国の場合，20〜24歳の賃金が月20万円で，25〜30歳の賃金が30万円とすると，25〜30歳の賃金指数は150となる。

　　一方，R国の場合，20〜24歳の賃金が月30万円で，25〜30歳の賃金が36万円とすると，25〜30歳の賃金指数は120となる。したがって，3か国の中で，賃金水準が最も高いのはR国である，とは断言できない。

イ：R国の場合，25〜30歳の賃金指数が120で，41〜50歳の賃金指数が180であるので，180÷120＝1.5　つまり，正しい。

ウ：アで述べた理由から，P国とQ国の賃金の比較はできない。したがって，誤り。

以上より，正しくいえるものはイだけとなる。

2. 解答 **E**

本問の場合，ア〜ウについて，一つひとつ慎重に正誤をチェックすることが肝要である。

ア：体重が50kg以上の者は，8＋4＝12（名）。よって，求めるものは，12÷50＝0.24。つまり，24％。したがって，正しい。

イ：身長155cm以上の者で，かつ体重が50kg未満の者は全体で2＋8＋2＝12（名）いる。ただ，身長155cm以上の者で，かつ体重が50kgの者がいる可能性はあるので，正しいとはいえない。

ウ：体重が50kg未満の者は，50−12＝38（名）いる。
　　このうち身長が155cm未満の者は，4＋6＋5＋11＝26（名）。
　　したがって，26÷38＝0.684　よって，正しいといえる。

以上より，正しくいえるものはアとウだけとなる。

25 図表の読み取り

下図は，2020年における，Y国の輸出総額と輸入総額に占める各国の割合を表したものである。2020年における，Y国の輸出総額が8,000億円，輸入総額が6,000億円のとき，正しくいえるものはどれか。

	P国	Q国	R国	その他
（輸出）	20%	30%	40%	10%
（輸入）	30%	40%	20%	10%

ア　R国に対する輸出額は同国からの輸入額を2,000億円上回っている。

イ　Q国に対する輸出額は「その他」の国々からの輸入額の4倍である。

ウ　P国に対する輸出額はQ国からの輸入額の半分である。

A　アだけ　　　　　B　イだけ　　　　　C　ウだけ

D　アとイ　　　　　E　アとウ

・問題の意味をよ〜く理解すること。

・輸出総額は8,000億円，輸入総額は6,000億円。

確 認

　ヨコ棒グラフは一般に上図のように，構成比を表すのに使われます。

　よって，20 + 30 + 40 + 10 = 100（%）。

　また，30 + 40 + 20 + 10 = 100（%）。

解 き 方

ア，イ，ウについて，それぞれ正誤を確認する。

ア：R国に対する輸出額　$8,000 \times 0.4 = 3,200$（億円）

　　R国からの輸入額　$6,000 \times 0.2 = 1,200$（億円）

　　したがって，輸出額が輸入額を2,000億円上回っている。

　　　∴正しい

イ：Q国に対する輸出額　$8,000 \times 0.3 = 2,400$（億円）

　　「その他」の国々からの輸入額　$6,000 \times 0.1 = 600$（億円）

　　したがって，$2,400 \div 600 = 4$（倍）

　　　∴正しい

ウ：P国に対する輸出額　$8,000 \times 0.2 = 1,600$（億円）

　　Q国からの輸入額　$6,000 \times 0.4 = 2,400$（億円）

　　したがって，$1,600 \div 2,400 \fallingdotseq 0.67$　約67%

　　　∴誤り

解答　D

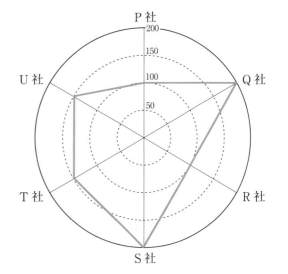

例題②

右図は，P社の営業利益を100として，各社（Q社～U社）の営業利益を指数で表したものである。正しくいえるものはどれか。

ア　P社の営業利益はR社のそれの1.5倍である。

イ　P社の営業利益が1,000億円であるとすると，S社のそれは2,000億円である。

ウ　T社の営業利益が700億円であるとすると，U社のそれも700億円である。

A　アだけ
B　イだけ
C　ウだけ
D　アとイ
E　イとウ

・指数の意味をよく理解すること。
・与えられた円グラフの見方をよく理解すること。

解き方

ア：与えられた円グラフから，P社の営業利益の指数は100，R社のそれも100である。したがって，100 ÷ 100 = 1.0（倍）　つまり，P社の営業利益はR社のそれの1.0倍，つまり同額である。
　　∴誤り

イ：S社の指数は200である。P社の指数は100なので，200 ÷ 100 = 2.0（倍）　したがって，P社の営業利益が1,000億円であったら，S社のそれは2,000億円となる。
　　∴正しい

ウ：T社の指数は150，U社の指数も150である。つまり，T社の営業利益＝U社の営業利益　したがって，T社の営業利益が700億円であったら，U社のそれは700億円となる。
　　∴正しい

解答　E

> ｜確　認
>
> 　指数とは，特定の基準となる数値を100とし，他の数値をこれに対する割合として示したものです。たとえば，A国のコメの生産量が500，B国のそれが1,000であるとします。このとき，A国のコメの生産量を100とすると，B国のそれは200となります。

X国の65歳以上の人口をxとおいてみる。そして，Y国の0〜14歳の人口をxで表すと，……

1. 下図は，X国とY国の年齢別人口を百分率で示したものである。X国の65歳以上の人口とY国の0〜14歳の人口が同数であったとき，正しくいえるものはどれか。

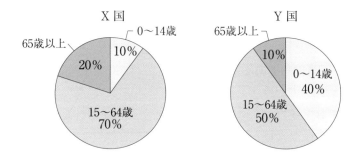

X 国 　　　　　　　　　　Y 国

ア　X国の人口は，Y国の人口の2.5倍である。

イ　X国の15〜64歳の人口は，Y国の0〜14歳の人口の4倍である。

ウ　X国の0〜14歳の人口は，Y国の65歳以上の人口の2倍である。

A アだけ　　　　**B** イだけ　　　　**C** ウだけ

D アとイ　　　　**E** イとウ

（コーチ）

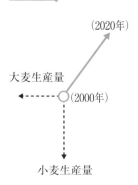

（2020年）

大麦生産量

◯（2000年）

小麦生産量

2. 下図は，P国，Q国，R国の2000年と2020年における小麦生産量と大麦生産量を示したものである。この図からいえることとして正しいものはどれか。なお，◯━━▶は，◯が2000年，▶が2020年を示している。

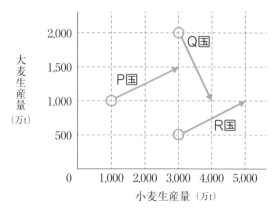

ア　R国の2020年の小麦生産量は，P国の2000年の小麦
　　生産量の5倍である。

イ　2000年と2020年を比較すると，Q国の小麦生産量は
　　増加したが，Q国の大麦生産量は減少した。

ウ　2020年において，大麦生産量が最も多いのはR国で，
　　次いでQ国である。

A　アだけ　　　B　イだけ　　　C　ウだけ
D　アとイ　　　E　アとウ

解答・解説　図表の読み取り

1. 解答　**C**

「X国の65歳以上の人口とY国の0～14歳の人口が同数である」ので，X国の65歳以上
の人口をxとおくと，Y国の0～14歳の人口もxとなる。X国とY国の年齢別人口をxで表
すと，次のようになる。

	X国	Y国
0～14歳	$0.5x$	x
15～64歳	$3.5x$	$1.25x$
65歳以上	x	$0.25x$

X国の15～64歳の人口をyとおくと，

$$20 : x = 70 : y$$
$$20y = 70x$$
$$y = \frac{70}{20}x = 3.5x$$

ア：誤り。2.5倍（×）→2.0倍（○）

イ：誤り。$3.5x \div x = 3.5$（倍）

ウ：正しい。$0.5x \div 0.25x = 2.0$（倍）

2. 解答　**D**

ア：R国の2020年の小麦生産量は5,000（万t），P国の2000年の小麦生産量は1,000（万t）。
　　ゆえに，$5,000 \div 1,000 = 5.0$（倍）。　∴正しい

イ：Q国の小麦生産量は，2000年が3,000（万t），2020年が4,000（万t），
　　Q国の大麦生産量は，2000年が2,000（万t），2020年が1,000（万t）。　∴正しい

ウ：2020年における大麦生産量は，P国が1,500（万t），Q国が1,000（万t），R国が1,000（万t）。
　　したがって，P国が最も多い。　∴誤り

長文読み取り計算

例題

次の問題文を読んで，各問いに答えなさい。

労働力人口は，仕事をもつ就業者と仕事を探している完全失業者を合計した人口である。労働力人口は1980年に5,650万人，1990年に6,384万人，2000年に6,766万人と増加したが，2010年には6,632万人に減少した。しかし，2020年には6,902万人に達した。

就業者は，1980年に5,536万人，1990年に6,249万人，2000年に6,446万人，2010年に6,298万人，2020年に6,710万人であった。

非労働力人口は，15歳以上人口から労働力人口を差し引いたものである。非労働力人口は，1980年に3,249万人，1990年に3,657万人，2000年に4,057万人，2010年に4,473万人，2020年に4,197万人であった。

非労働力人口は，家事，通学，その他の3つに分けられる。家事は1980年に1,568万人，1990年に1,528万人，2000年に1,775万人，2010年に1,672万人，2020年に1,317万人であった。通学は，1980年に834万人，1990年に989万人，2000年に815万人，2010年に696万人，2020年に588万人であった。

① 完全失業者が最も少ない年は次のうちどれか。

  A 1980年 B 1990年 C 2000年 D 2010年 E 2020年

② 完全失業率とは，労働力人口に占める完全失業者の割合のことである。完全失業率が最も高い年は次のうちどれか。

  A 1980年 B 1990年 C 2000年 D 2010年 E 2020年

③ 15歳以上人口が最も多い年は次のうちどれか。

  A 1980年 B 1990年 C 2000年 D 2010年 E 2020年

④ 家事に従事している非労働力人口の15歳以上人口に占める割合が2番目に高い年は次のうちどれか。

  A 1980年 B 1990年 C 2000年 D 2010年 E 2020年

- 本文を読む前に，「設問」を読むこと。すると，何にポイントをおいて読めばよいか がわかる。
- 本文を読んでいて，重要と思われる箇所には何らかのチェックをしておくとよい。

解き方

① 第1段落に，「労働力人口は，仕事をもつ就業者と仕事を探している完全失業者を合計した人口である」と記述されている。

よって，労働力人口＝就業者＋完全失業者

〈労働力人口〉

1980年→5,650万人，1990年→6,384万人，2000年→6,766万人

2010年→6,632万人，2020年→6,902万人

〈就業者〉

1980年→5,536万人，1990年→6,249万人，2000年→6,446万人

2010年→6,298万人，2020年→6,710万人

したがって，

〈完全失業者〉

1980年→114万人，1990年→135万人，2000年→320万人，

2010年→334万人，2020年→192万人　　　　　　　　解答　**A**

② 〈完全失業率〉

1980年の場合，114 ÷ 5,650 = 0.020　　∴ 2.0%

1990年→2.1%　　　2000年→4.7%

2010年→5.0%　　　2020年→2.8%　　　　　解答　**D**

③ 第3段落に，「非労働力人口は，15歳以上人口から労働力人口を差し引いたものである」と記述されている。

よって，15歳以上人口＝労働力人口＋非労働力人口

〈15歳以上人口〉

1980年の場合，5,650 + 3,249 = 8,899（万人）

1990年→10,041万人　　　2000年→10,823万人

2010年→11,105万人　　　2020年→11,099万人　　　解答　**D**

④ 〈家事に従事している非労働力人口の15歳以上人口に占める割合〉

1980年の場合，1,568 ÷ 8,899 = 0.176　　　　∴ 17.6%

1990年→15.2%　　　2000年→16.4%

2010年→15.1%　　　2020年→11.9%　　　　解答　**C**

概算で OK

SPIでは，正確性とともにスピードが求められるので，概算で正しい答えを求めることができる場合には，スピードを重視しましょう。①の問題は〈完全失業者〉を求めるものなので，問題文から，左に示したように，〈労働力人口〉と〈就業者〉を正確にピックアップする必要があります。

ポイントは完全失業者を計算するときです。例えば，1980年の場合，5,650－5,536＝114と計算するのではなく，5,650－5,540＝110と計算するとよいでしょう。

1990年については，6,400－6,250＝150

2000年については，6,800－6,400＝400

2010年については，6,600－6,300＝300

2020年については，6,900－6,700＝200

練習問題 長文読み取り計算

次の問題文を読んで，各問いに答えなさい。

コーチ

第1段落では，資本金規模別に企業数について記述されている。
第2段落では，資本金規模別に従業者数について記述されている。
第3段落では，全体の企業数と従業者数が示されている。

2016年における企業数を資本金規模別にみると，その55％が資本金1,000万円未満の企業である。資本金が3,000万円未満の企業は全体の90％で，5,000万円未満のそれは95％にのぼる。一方，資本金1億円以上の企業は全体の2％を占めるにすぎない。

同年における従業者数を資本金規模別にみると，その15％が資本金1,000万円未満の企業である。資本金が3,000万円未満の企業は全体の40％で，5,000万円未満のそれは48％にのぼる。一方，資本金1億円以上の企業は全体の40％を占めている。

なお，2016年における全体の企業数は200万社，同年における全体の従業者数は4,000万人である。

コーチ

例えば，「資本金1,000万円未満の企業の全体に占める割合が30％で，資本金3,000万円未満の企業の全体に占める割合が50％である」場合，「資本金が1,000万円以上～3,000万円未満の企業の全体に占める割合」は，50－30＝20（％）となる。

① 資本金が1,000万円以上～3,000万円未満の企業数は次のうちどれか。

    A　50万社　　　B　60万社　　　C　70万社
    D　80万社　　　E　90万社

② 資本金が5,000万円以上～1億円未満の企業数は次のうちどれか。

    A　2万社　　　B　4万社　　　C　5万社
    D　6万社　　　E　8万社

③ 資本金が3,000万円以上～5,000万円未満の企業数は，資本金が1億円以上の企業数の何倍か。

    A　2.0倍　　　B　2.5倍　　　C　3.0倍
    D　3.5倍　　　E　4.0倍

④ 資本金が3,000万円以上～5,000万円未満の企業の従業者数は何人か。

    A　230万人　　　B　250万人　　　C　280万人
    D　300万人　　　E　320万人

⑤ 資本金が1億円以上の企業の従業者数は，資本金が1,000万円以上～3,000万円未満の企業の従業者数の何倍か。

    A　1.6倍　　　B　2.1倍　　　C　2.5倍
    D　3.1倍　　　E　3.5倍

① **解答** C

「2016年における企業数を資本金規模別にみると，その55％が資本金1,000万円未満の企業である」と記述されている。よって，全体の55％は資本金1,000万円未満の企業で，全体の45％は資本金1,000万円以上の企業である。

次に，「資本金が3,000万円未満の企業は全体の90％」であると記述されているので，「資本金が1,000万円以上〜3,000万円未満の企業」の全体に占める割合は，90 − 55 ＝ 35（％）となる。

「2016年における全体の企業数は200万社」と記述されているので，「資本金が1,000万円以上〜3,000万円未満の企業数」は，200 × 0.35 ＝ 70（万社）となる。

② **解答** D

"資本金5,000万円未満の企業は95％にのぼる。一方，資本金1億円以上の企業は全体の2％を占めるにすぎない"と記述されている。よって，「資本金5,000万円以上〜1億円未満の企業」の全体に占める割合は，5 − 2 ＝ 3（％）となる。全体の企業数は200万社であるので，求めるものは，200 × 0.03 ＝ 6（万社）となる。

③ **解答** B

「資本金が3,000万円未満の企業は全体の90％で，5,000万円未満のそれは95％にのぼる」と記述されている。よって，「資本金3,000万円以上〜5,000万円未満の企業」の全体に占める割合は，95 − 90 ＝ 5（％）である。一方，「資本金1億円以上の企業は全体の2％を占める」ので，求めるものは，5 ÷ 2 ＝ 2.5（倍）となる。

④ **解答** E

「同年における従業者数を資本金規模別にみると……。資本金が3,000万円未満の企業は全体の40％で，5,000万円未満のそれは48％にのぼる」と記述されている。よって，「資本金が3,000万円以上〜5,000万円未満の企業」の全体に占める割合は，48 − 40 ＝ 8（％）。2016年における全体の従業者数は4,000万人であるので，求めるものは，4,000 × 0.08 ＝ 320（万人）となる。

⑤ **解答** A

「資本金1億円以上の企業は全体の40％を占めている」と記述されている。

一方，「その15％が資本金1,000万円未満の企業である。資本金が3,000万円未満の企業は全体の40％」であると記述されている。よって，「資本金が1,000万円以上〜3,000万円未満の企業」の全体に占める割合は，40 − 15 ＝ 25（％）である。

以上より，求めるものは，40 ÷ 25 ＝ 1.6（倍）となる。

PERT法

　下図は，各作業（①〜⑩）に要する日数を示したものである。図を見て，次の各問いに答えなさい。

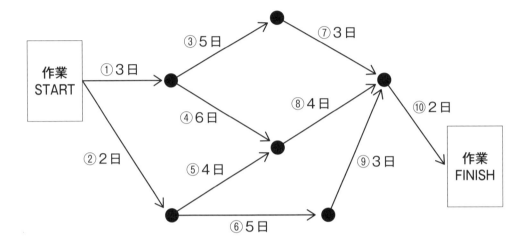

(1)　作業⑧を始めるために終了していなければならない作業はどれか。すべて挙げているものを選びなさい。

A　①④
B　①②④
C　①②③④
D　①②③④⑤
E　①②④⑤
F　①②③⑤⑥
G　①②④⑤⑥

(2)　作業⑨が遅れた場合，作業⑩を通常の日程で行うためには，作業⑨の遅れを何日以内にとどめればよいか。

A　1日
B　2日
C　3日
D　4日
E　5日
F　6日
G　7日

(3)　すべての作業が終了するためには，作業をスタートしてから何日かかるか。

A　12日
B　13日
C　14日
D　15日
E　16日
F　17日
G　18日

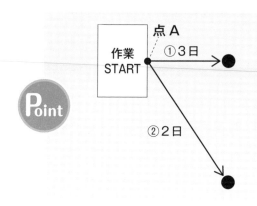

PERT図の見方をまず理解すること。
左図を見て、作業①を行った後に作業②を始めると考えてしまうが、それは間違い。左図に便宜上、点Aを記入したが、作業①と作業②は点Aから出ているので、作業は同時に始まる。わかりにくければ、2つのグループがいて、それぞれが同時に作業を始めると考えればよい。

解き方

(1) 作業⑧を始めるためには、「作業①→作業④」、「作業②→作業⑤」が終了していなければならない。よって、「作業①、作業②、作業④、作業⑤」となる。

解答　**E**

(2) 作業⑩を始めるためには、次の3つの作業過程が終了していなければならない。

　　Ⅰ：作業①→作業③→作業⑦

　　　　これに要する日数は、3 + 5 + 3 = 11（日）

　　Ⅱ：作業①→作業④──→作業⑧
　　　　作業②→作業⑤─╯

　　　　これに要する日数は、3 + 6 + 4 = 13（日）
　　　　なお、作業⑤が終了した後、作業⑧が始まるまで3日待たなければならない。なぜなら、作業④が終了していないためである。

　　Ⅲ：作業②→作業⑥→作業⑨

　　　　これに要する日数は、2 + 5 + 3 = 10（日）

　　以上より、作業を終了するのに必要な日数が最も多いのは、作業過程Ⅱであるとわかる。一方、作業過程Ⅲを終了するのに必要な日数は10日である。したがって、13 − 10 = 3（日）つまり、作業⑨の遅れが3日以内であれば、作業⑩を通常の日程で行うことができる。

解答　**C**

(3) 上記の作業過程Ⅰ〜Ⅲのうち、作業を終了するのに最も多くの日数を要するのは作業過程Ⅱで、13日かかる。作業⑩を終了するのに2日を要するので、すべての作業を終了するには、13 + 2 = 15（日）かかることになる。

解答　**D**

確認

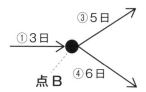

点B

上図に、便宜上、点Bを記入しました。
　作業①を3日で終了して点Bに到達したとします。
　点Bから、2つの直線が出ていて、1つは作業③、もう1つは作業④。
　作業③と作業④と書いてはありますが、点Bからともに出ているので、作業③と作業④は同時に始まることになります。もちろん、作業③と作業④を行うのはそれぞれ異なるグループです。

練習問題 PERT法

下図は，各作業（①〜⑬）に要する日数を示したものである。図を見て，各問いに答えなさい。

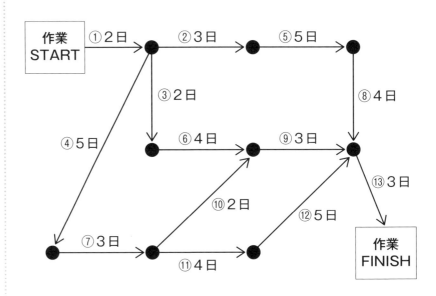

（コーチ）
右図でまず注意することは，作業①終了後，作業②，作業③，作業④に分かれることである。

（コーチ）
作業⑨を始めるためには，どの作業が終了していなければならないか，よく考えてみる。

（コーチ）
問(1)と同様に考え，同じ手順で解けばよい。

（コーチ）
簡単に処理しないで，何か忘れていないか，考えてみよう。

(1) 作業⑥が遅れた場合，作業⑨を通常の日程で行うためには，作業⑥の遅れを何日以内にとどめればよいか。

A 1日   B 2日   C 3日   D 4日
E 5日   F 6日   G 7日

(2) 作業⑧が遅れた場合，作業⑬を通常の日程で行うためには，作業⑧の遅れを何日以内にとどめればよいか。

A 1日   B 2日   C 3日   D 4日
E 5日   F 6日   G 7日

(3) すべての作業を終了するためには，作業をスタートしてから何日かかるか。

A 18日   B 19日   C 20日   D 21日
E 22日   F 23日   G 24日

解答・解説 PERT法

(1) 解答 **D**

　作業⑨を始めるためには，次の2つ作業過程が終了していなければならない。ただし，作業①については共通であるので，これを除いて考える。

　　Ⅰ：作業③→作業⑥

　　　これに要する日数は，2 + 4 = 6（日）

　　Ⅱ：作業④→作業⑦→作業⑩

　　　これに要する日数は，5 + 3 + 2 = 10（日）

　　　したがって，求めるものは，10 − 6 = 4（日）

(2) 解答 **E**

　作業⑬を始めるためには，次の3つの作業過程が終了していなければならない。ただし，作業①については共通であるので，これを除いて考える。

　　Ⅰ：作業②→作業⑤→作業⑧

　　　これに要する日数は，3 + 5 + 4 = 12（日）

　　Ⅱ：作業③→作業⑥──────→作業⑨
　　　　作業④→作業⑦→作業⑩

　　　これに要する日数は，5 + 3 + 2 + 3 = 13（日）

　　　なお，作業③→作業⑥→作業⑨の場合，2 + 4 + 3 = 9（日）となるが，作業⑥が終了した後，作業⑨が始まるまで4日待たなければならない。

　　Ⅲ：作業④→作業⑦→作業⑪→作業⑫

　　　これに要する日数は，5 + 3 + 4 + 5 = 17（日）

　以上より，作業を終了するのに必要な日数が最も多いのは，作業過程Ⅲであるとわかる。

　一方，作業⑧が含まれているのは作業過程Ⅰであるが，作業⑧が順調に進んだとしても，日程通り終了するには12日要することになる。

　以上より，作業過程Ⅲに要する日数が17日であるので，求めるものは，

　　17 − 12 = 5（日）となる。

(3) 解答 **E**

　上記の作業過程Ⅰ〜Ⅲのうち，作業を終了するのに最も多くの日数を要するのは作業過程Ⅲで，17日かかる。しかし，これに作業①と作業⑬に要する日数を加えなければならないので，すべての作業を終了するには，

　　2 + 17 + 3 = 22（日）かかることになる。

ブラックボックス

下のような，X，Y，Zの3種類のブラックボックスがある。

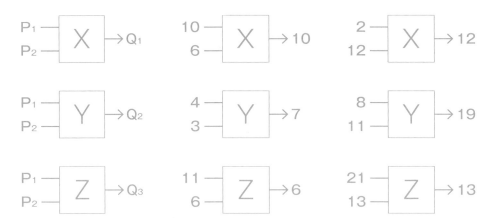

① 3つのブラックボックスに数値を入力した。結果が正しいものをすべて挙げているのはどれか。

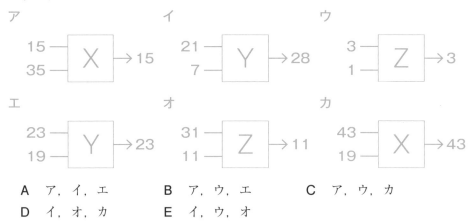

A　ア，イ，エ　　　　B　ア，ウ，エ　　　C　ア，ウ，カ
D　イ，オ，カ　　　　E　イ，ウ，オ

② 次の操作を行った。Qの値として正しいものはどれか。

A　38　　　B　25　　　C　55
D　59　　　E　27　　　F　42
G　21

PERT図の見方と同様，ブラックボックスの見方をよく理解することが肝要である。例えば，

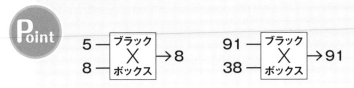

5と8を入れて，8が出ている。91と38を入れて，91が出ている。これから，このブラックボックスに数字を入れたら，大きい方の数字が出てくるとわかる。

解き方

まず，与えられたブラックボックスがどのような機能をもつブラックボックスであるかを考えてみる。

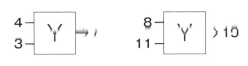

この結果，Xは大きい方の数字を出すとわかる。

この結果，Yは両方の値を合計したものを出すとわかる。

この結果，Zは小さい方の数字を出すとわかる。

① ア：誤り。Xは大きい方の数字を出すので，35が正しい。

イ：正しい。21 + 7 = 28

ウ：誤り。Zは小さい方の数字を出すので，1が正しい。

エ：誤り。23 + 19 = 42。つまり，Yは42を出す。

オ：正しい。

カ：正しい。

解答　D

②

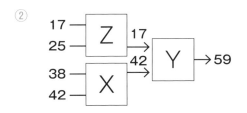

∴ Q=59

解答　D

確認

ここでは，3種類のブラックボックスを示しましたが，ブラックボックスにはさまざまなものがあります。

例えば，

5と3を入れて→15

上記のブラックボックスは，5×3＝15　つまり，2つの数字を乗算したものを出します。

35と5を入れて→7

上記のブラックボックスは，35÷5＝7　つまり，2つの数字を除算したものを出します。

コーチ

W，X，Y，Zの4つのブラックボックスの機能が示されているので，おのおののブラックボックスがどのようなタイプのブラックボックスかを把握することが肝要である。

W，X，Y，Zの4種類のブラックボックスがある。

P_1 — W → Q_1　　5, 3 — W → 8　　10, 1 — W → 11

P_1 — X → Q_2　　4, 6 — X → 24　　2, 8 — X → 16

P_1 — Y → Q_3　　12, 8 — Y → 8　　6, 7 — Y → 6

P_1 — Z → Q_4　　3, 4 — Z → 4　　15, 3 — Z → 15

コーチ

YとZのブラックボックスから，それぞれ何が出てくるかを考える。そして，出てきたものを，それぞれP_1，P_2と考える。

① 次の操作を行った。Qの値として正しいものはどれか。

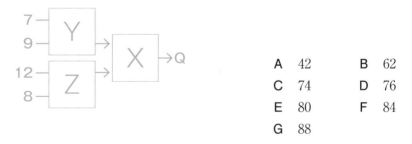

A 42	B 62
C 74	D 76
E 80	F 84
G 88	

コーチ

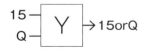

つまり，Yから15が出る場合と，Qが出る場合の両方を考える。

② 次の操作を行った。Qの値として正しいものはどれか。

A 2	B 4
C 6	D 8
E 10	F 12
G 14	

③ 次の操作を行った。Qの値として正しいものはどれか。

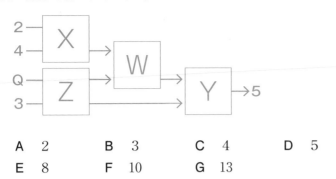

コーチ

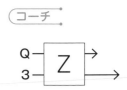

　上記のように、Zから2つのものが出ているが、これら2つのものは同じ数字である。

A　2　　　　B　3　　　　C　4　　　　D　5
E　8　　　　F　10　　　G　13

解答・解説　ブラックボックス

① 解答　F

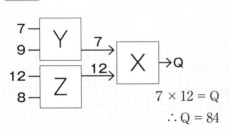

$7 \times 12 = Q$
$\therefore Q = 84$

② 解答　D

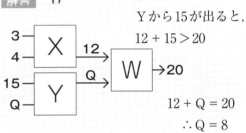

Yから15が出ると、
$12 + 15 > 20$

$12 + Q = 20$
$\therefore Q = 8$

③ 解答　D

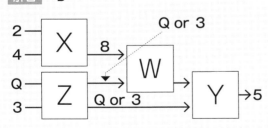

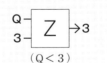
$(Q < 3)$

$(Q > 3)$

　Zから3が出た場合、$8 + 3 = 11$。よって、Wからは11が出る。すると、Yから3が出ることになる。

　ZからQが出た場合、$8 + Q$。よって、Wからは$8 + Q$が出る。すると、Yから5が出るためには、$Q = 5$である必要がある。

29 時刻表

例題 ①

ロードバイクで，P地点からS地点へサイクリングに行った。途中，Q地点とR地点で休憩した。下表は，地点ごとの時刻と地点間の距離を示したものである。

このとき，PS間を平均時速何kmで走ったことになるか。ただし，休憩時間は所要時間に含まないものとする。

P地点	発	8：00
	↓	40km
Q地点	着	9：50
	発	10：20
	↓	60km
R地点	着	12：40
	発	13：40
	↓	80km
S地点	着	16：42

A 15km/h
B 20km/h
C 25km/h
D 30km/h
E 35km/h

Point

本問は，「速さ・距離・時間」の変形問題であるので，基本公式をもとに考えればよい。

$$速さ = \frac{距離}{時間}$$

確認

PS間の所要時間は次の方法でも計算できます。

P地点を8時に出発し，S地点に16時42分に到着したので，その間の時間は8時間42分。

一方，休憩時間は，30分＋1時間＝1時間30分。したがって，PS間の所要時間は，8時間42分－1時間30分＝7時間12分。

解き方

まず，距離を計算してみる。PQ間が40km，QR間が60km，RS間が80kmであるので，PS間の距離は，40＋60＋80＝180（km）

次に，所要時間を計算してみる。PQ間が1時間50分，QR間が2時間20分，RS間が3時間2分であるので，PS間の所要時間は，1時間50分＋2時間20分＋3時間2分＝7時間12分。12分を時間に直すと，$60 \times x = 12$ より，$x = 0.2$ となり，0.2時間。よって，7時間12分＝7.2時間

以上より，求めるものは，

$$\frac{180}{7.2} = 25 \ (km/h)$$

解答 C

下表は，P駅からS駅までの各駅間の距離と，各駅の発車時刻を示したものである。

駅名	駅間の距離	発車時刻
P駅	⎫	7：15
	⎬ 24km	
Q駅	⎭	
	⎫ 30km	
R駅	⎬	8：15
	⎭ 20km	
S駅		8：35

電車が，P駅からQ駅間をQ駅からR駅間の平均速度の $\frac{4}{5}$ の速さで走っているとしたら，電車はQ駅を何時何分に発車していることになるか。ただし，停車時間は考慮しないものとする。

A　7時40分
B　7時45分
C　7時50分
D　7時55分
E　8時　0分

Q駅からR駅間の平均速度を x (km) とすると，
P駅からQ駅間の平均速度は $x \times \frac{4}{5} = \frac{4}{5}x$ と表せる。

解き方

PQ間の距離は24km，P駅からQ駅間の平均速度は $\frac{4}{5}x$ であることから，PQ間の所要時間は，

$$\frac{24}{\frac{4}{5}x} = 24 \times \frac{5}{4x} = \frac{30}{x} \ (時間) \ \cdots\cdots(1)$$

また，QR間の距離は30km，Q駅からR駅間の平均速度は x であることから，QR間の所要時間は，

$$\frac{30}{x} \ (時間) \ \cdots\cdots(2)$$

上表より，P駅からR駅までの所要時間は1時間であることから，(1)と(2)より，次式が成立する。

$$\frac{30}{x} + \frac{30}{x} = 1 \qquad \frac{60}{x} = 1 \qquad \therefore x = 60$$

したがって，PQ間の平均速度は，$60 \times \frac{4}{5} = 48$ (km)

以上より，PQ間の所要時間は，$\frac{24}{48} = \frac{1}{2}$ (時間)

つまり，30分なので，電車がQ駅を発車するのは，

7時15分 + 30分 = 7時45分

解答　B

確認

本問のポイントの2つ目は，与えられた表から，P駅からR駅までの所要時間を計算することです。

本問の場合，その所要時間は1時間ですが，これがわからないと，Q駅からR駅間の平均速度である x を計算できません。

アシスト

右表において，普通電車のQ駅の発車時刻は8時20分となっているが，本問の場合，"停車時間は考慮しない"ので，8時20分にQ駅に到着し，8時20分にQ駅を発車したことになる。

これは，R駅についても同様である。

アシスト

特急電車の場合，P駅を発車後，S駅に到着するまでの速度は同じである。一方，普通電車の場合，右表から計算するとわかるように，PQ間の速度，QR間の速度，RS間の速度はそれぞれ異なる。

次の問題文を読んで，各問いに答えなさい。

下表は，P駅からS駅までの各駅間の距離と，普通電車と特急電車の各駅の発車時刻を示したものである。

駅名	駅間の距離	発車時刻	
		普通電車	特急電車
P駅		8：00	8：04
Q駅	20km	8：20	↓通過
R駅	10km	8：32	↓通過
S駅	20km	9：02	8：34

1. 普通電車と特急電車がP駅を定刻に出発し，平均時速で走るとしたら，特急電車は出発してから何分後に，普通電車の車両の先頭に追いつくことになるか。ただし，停車時間は考慮しないものとする。なお，2つの電車の車両の長さは同じものとする。

    A   6分
    B   7分
    C   8分
    D   9分
    E   10分

2. 特急電車がP駅を8時20分に出発し，平均時速で走るとしたら，特急電車は出発してから何分後に，普通電車の車両の先頭に追いつくことになるか。ただし，停車時間は考慮しないものとする。なお，2つの電車の車両の長さは同じものとする。

    A   16分
    B   18分
    C   20分
    D   22分
    E   24分

1. 解答 **A**

　　まず，特急電車の時速を求める。PS間の距離が50km（20 + 10 + 20）で，PS間の所要時間が30分であるので，

$$\frac{50}{\frac{1}{2}} = 50 \times 2 = 100 \ （\text{km/h}）$$

　　特急電車は普通電車より4分遅れでP駅を発車している。一方，普通電車はP駅を8時に出発し，8時20分にQ駅に到着しており，かつ，PQ間の距離は20kmであるので，PQ間における普通電車の時速は，

$$\frac{20}{\frac{20}{60}} = 20 \times \frac{60}{20} = 60 \ （\text{km/h}）$$

　　つまり，普通電車は1分間に1km走るので，4分間では4km先に進んでいることになる。よって，特急電車が普通電車に追いつくのに要する時間をx（時間）とすると，

$$(100 - 60) \times x = 4, \quad 40x = 4, \quad \therefore x = \frac{1}{10} \ （\text{時間}） \quad \therefore \quad 60 \times \frac{1}{10} = 6 \ （\text{分}）$$

2. 解答 **D**

　　与えられた表を見てわかるように，特急電車がP駅を8時20分に出発したとしたら，そのとき，普通電車はQ駅に到着している。つまり，普通電車は特急電車の20km先にいることになる。

　　表より，普通電車はQR間を12分で走っており，QR間の距離は10kmであるので，QR間における時速をxとすると，$x \times \frac{12}{60} = 10$が成立する。

　　$\therefore x = 50$　つまり，普通電車のQR間の速度は50（km/h）となる。

　　一方，特急電車の速度は100（km/h）であるので，12分間での走行距離は，

$$100 \times \frac{12}{60} = 100 \times \frac{1}{5} = 20 \ （\text{km}）$$

　　よって，特急電車が発車して12分後においては，普通電車と特急電車は10km離れていることになる。

　　また表より，普通電車はRS間を30分で走っており，RS間の距離は20kmであるので，RS間における時速をxとすると，$x \times \frac{30}{60} = 20$が成立する。

　　$\therefore x = 40$　つまり，普通電車のRS間の速度は40（km/h）となる。

　　特急電車がR駅を通過したとき，普通電車は特急電車の10km先を走っているので，特急電車が普通電車に追いつくのに要する時間をx（時間）とすると，

$$(100 - 40) \times x = 10 \quad 60x = 10 \quad x = \frac{1}{6} \ （\text{時間}） \quad \therefore \quad 60 \times \frac{1}{6} = 10 \ （\text{分}）$$

　　以上より，求めるものは，12 + 10 = 22（分）

30 料金表の見方

例題

　下の2つの表は，X社の電気料金とY社の電気料金である。X社の電気料金は基本料金と電力量料金の2つから構成されているが，Y社は基本料金は0円で，電力量料金のみとなっている。なお，X社の基本料金は1,100円である。

　料金＝基本料金＋電力量料金単価×電気使用量

〔X社の電気料金〕

• 基本料金：1,100円

		電力量料金単価
電力量料金	最初の120kWhまで	20円／kWh
	120kWhをこえ300kWhまで	27円／kWh
	300kWhをこえた場合	30円／kWh

〔Y社の電気料金〕

• 基本料金：0円

		電力量料金単価
電力量料金	最初の300kWhまで	28円／kWh
	300kWhをこえた場合	29円／kWh

① X社に加入して，3月に280kWhの電力を消費すると，3月の電気料金はいくらになるか。

　　A　11,340円　　　　B　5,060円　　　　C　7,820円
　　D　10,250円　　　　E　8,040円

② Y社に加入して，7月に430kWhの電力を消費すると，7月の電気料金はいくらになるか。

　　A　9,880円　　　　B　15,740円　　　　C　8,840円
　　D　12,170円　　　　E　13,080円

③ 1か月間の消費電力が200kWhの場合，両社を比較すると，どちらがいくらお得か。

　　A　X社の方が60円安い。　　　　B　X社の方が120円安い。
　　C　Y社の方が60円安い。　　　　D　Y社の方が100円安い。
　　E　Y社の方が120円安い。

④　1か月間の消費電力が310kWhの場合,両社を比較すると,どちらがいくらお得か。

A　X社の方が10円安い。　　　　B　X社の方が30円安い。

C　Y社の方が10円安い。　　　　D　Y社の方が30円安い。

E　Y社の方が40円安い。

oint

X社の場合,1か月間の消費電力が150kWhのとき,120kWhまでは電力量料金単価は20円／kWhであるが,残りの30kWhについては電力量料金単価は27円／kWhになるということ。

解き方

① X社の場合,基本料金がかかるので,次式となる。

$$1,100 + 20 \times 120 + 27 \times (280 - 120)$$
$$= 1,100 + 2,400 + 4,320$$
$$= 7,820 （円）$$

解答　C

② Y社の場合,基本料金が0円なので,次式となる。

$$0 + 28 \times 300 + 29 \times (430 - 300)$$
$$= 8,400 + 3,770$$
$$= 12,170 （円）$$

解答　D

③ X社の場合,次式が成立する。

$$1,100 + 20 \times 120 + 27 \times (200 - 120)$$
$$= 1,100 + 2,400 + 2,160$$
$$= 5,660 （円）$$

Y社の場合,次式が成立する。

$$28 \times 200$$
$$= 5,600 （円）　　∴ Y社の方が60円安い。$$

解答　C

④ X社の場合,次式が成立する。

$$1,100 + 20 \times 120 + 27 \times (300 - 120) + 30 \times (310 - 300)$$
$$= 1,100 + 2,400 + 4,860 + 300$$
$$= 8,660 （円）$$

Y社の場合,次式が成立する。

$$28 \times 300 + 29 \times (310 - 300)$$
$$= 8,400 + 290$$
$$= 8,690 （円）　　∴ X社の方が30円安い。$$

解答　B

確　認

電力会社のX社とY社の料金を比較すると,大きな開きはありません。各社ともいろいろ工夫をこらして料金体系を決めて,自社が他社よりも安い消費電力の領域を設けています。両社の料金を比較するときはミスをしないよう心がけましょう。

料金＝基本料金＋従量料
金単価×ガス使用量
↑
上式を使って，ガス料金
を計算する。

α社の家庭用のガス料金はXプランとYプランがあり，消費者は加入時にどちらかのプランを選択することになっている。下表をみて，各問いに答えなさい。

なお，料金の算定方法は次の通り。

たとえば，Xプランに加入し，1か月間のガス使用量が78m^{3}であった場合，その月のガス料金は，

1,062＋131×78＝11,280（円）となる。

〔Xプラン〕

1か月のガス使用量	基本料金（円／月）	従量料金単価（1m^{3}あたり）
0m^{3}から20m^{3}まで	768	146
20m^{3}をこえ80m^{3}まで	1,062	131
80m^{3}をこえ200m^{3}まで	1,284	128
200m^{3}をこえ500m^{3}まで	1,910	125
500m^{3}をこえ800m^{3}まで	6,345	117
800m^{3}をこえる場合	13,581	109

〔Yプラン〕

1か月のガス使用量	基本料金（円／月）	従量料金単価（1m^{3}あたり）
0m^{3}から10m^{3}まで	768	158
10m^{3}をこえ80m^{3}まで	910	132
80m^{3}をこえ200m^{3}まで	1,284	128
200m^{3}をこえ500m^{3}まで	1,910	125
500m^{3}をこえ800m^{3}まで	6,345	117
800m^{3}をこえる場合	13,581	109

Xプランの料金表とYプランの料金表の違いをチェックしておこう。

★両プランの違い
①1か月のガス使用量
〔Xプラン〕
・0m^{3}から20m^{3}まで
・20m^{3}をこえ80m^{3}まで
〔Yプラン〕
・0m^{3}から10m^{3}まで
・10m^{3}をこえ80m^{3}まで
②従量料金単価
（1m^{3}あたり）
〔Xプラン〕
・146円
・131円
〔Yプラン〕
・158円
・132円

① 今村さんはXプランに加入しており，9月のガス使用量は124m³であった。9月のガス料金はいくらか。

    A   18,074円   B   13,878円

    C   21,142円   D   17,156円

    E   16,906円

アシスト

今村さんが加入したのはXプラン。ガス使用量は124m³。

② 稲川さんはYプランに加入しており，5月のガス使用量は826m³であった。5月のガス料金はいくらか。

    A   103,615円   B   88,506円

    C   110,869円   D   124,391円

    E   77,211円

アシスト

稲川さんが加入したのはYプラン。ガス使用量は826m³。

③ 中村さんはXプランに加入しており，8月のガス使用量は8m³であった。もし，中村さんがYプランに加入すると，8月のガス料金はXプランに比較してどうなるか。

    A   Yプランの方が204円安い。

    B   Yプランの方が138円安い。

    C   Yプランの方が84円高い。

    D   Yプランの方が96円高い。

    E   Yプランの方が147円高い。

アシスト

Xプランでガス使用量8m³と，Yプランでガス使用量8m³の両方を計算する。

④ 高林さんはYプランに加入しており，12月のガス使用量は54m³であった。もし，高林さんがXプランに加入すると，12月のガス料金はYプランに比較してどうなるか。

    A   Xプランの方が350円安い。

    B   Xプランの方が126円安い。

    C   Xプランの方が28円安い。

    D   Xプランの方が53円高い。

    E   Xプランの方が98円高い。

アシスト

Yプランでガス使用量54m³と，Xプランでガス使用量54m³の両方を計算する。

⑤ 岩崎さんはYプランに加入しており，1月のガス使用量は532m³であった。そして，2月のガス使用量は484m³であった。2月のガス料金は1月のそれよりいくら安くなったか。

    A   5,328円安い   B   6,179円安い

    C   2,094円安い   D   4,903円安い

    E   8,055円安い

アシスト

Yプランでガス使用量532m³と，同じくYプランでガス使用量484m³の両方を計算する。

解答・解説　料金表の見方

① **解答** D

　今村さんはXプランに加入しているので，〔Xプラン〕の料金表を見る。9月のガス使用量は124m³であるので，| 1か月のガス使用量 |の「80m³をこえ200m³まで」の欄に着目する。

　この欄の| 基本料金 |は1,284円，| 従量料金単価 |は128（円／ m³）である。よって，次式が成立する。　1,284+128 × 124 = 1,284 + 15,872 = 17,156（円）

② **解答** A

　稲川さんはYプランに加入しているので，〔Yプラン〕の料金表を見る。5月のガス使用量は826m³であるので，| 1か月のガス使用量 |の「800m³をこえる場合」の欄に着目する。

　この欄の| 基本料金 |は13,581円，| 従量料金単価 |は109円（円／ m³）である。よって，次式が成立する。　13,581 + 109 × 826 = 13,581 + 90,034 = 103,615（円）

③ **解答** D

　中村さんはXプランに加入し，8月のガス使用量は8m³であった。よって，〔Xプラン〕の| 1か月のガス使用量 |の「0m³から20m³まで」の欄に着目。この欄の| 基本料金 |は768円，| 従量料金単価 |は146（円／ m³）。　768 + 146 × 8 = 768 + 1,168 = 1,936（円）

　〔Yプラン〕の| 1か月のガス使用量 |の「0m³から10m³まで」の欄に着目。この欄の| 基本料金 |は768円，| 従量料金単価 |は158（円／ m³）。　768 + 158 × 8 = 768 + 1,264 = 2,032（円）以上より，2,032 − 1,936 = 96（円）　Yプランの方が96円高い。

④ **解答** E

　高林さんはYプランに加入し，12月のガス使用量は，54m³であった。よって，〔Yプラン〕の| 1か月のガス使用量 |の「10m³をこえ80m³まで」の欄に着目。この欄の| 基本料金 |は910円，| 従量料金単価 |は132（円／ m³）。　910 + 132 × 54 = 910 + 7,128 = 8,038（円）

　〔Xプラン〕の| 1か月のガス使用量 |の「20m³をこえ80m³まで」の欄に着目。この欄の| 基本料金 |は1,062円，| 従量料金単価 |は131（円／ m³）。　1,062 + 131 × 54 = 1,062 + 7,074 = 8,136（円）　以上より，8,136 − 8,038 = 98（円）　Xプランの方が98円高い。

⑤ **解答** B

　岩崎さんはYプランに加入し，1月のガス使用量が532m³であった。〔Yプラン〕の| 1か月のガス使用量 |の「500m³をこえ800m³まで」の欄に着目。この欄の| 基本料金 |は6,345円，| 従量料金単価 |は117（円／ m³）。　6,345 + 117 × 532 = 6,345 + 62,244 = 68,589（円）

　2月のガス使用量は484m³なので，〔Yプラン〕の| 1か月のガス使用量 |の「200m³をこえ500m³まで」の欄に着目。| 基本料金 |は1,910円，| 従量料金単価 |は125（円／ m³）。　1,910 + 125 × 484 = 1,910 + 60,500 = 62,410（円）　以上より，68,589 − 62,410 = 6,179（円）　2月のガス料金は1月より6,179（円）安くなった。

PART
2

言語分野

1 同意語・反意語

例題 ①

次の語句の同意語を選びなさい。

「安全」

A　元気　　　　　　B　平穏　　　　　　C　安心

D　無事　　　　　　E　安穏

・最も近い意味の語句を探す。
・自信がないときは，消去法で解く。
・その語句を使って例文をつくってみる。

アドバイス

同意語とは？

　同意語とは，同じ意味の熟語のことです。しかし，まったく同じ意味の熟語はほとんどありません。よって，同意語は反意語に比べ，その数はすこぶる少ないものとなります。

　ただし，SPIで出題されている同意語は，一般にいうところの類義語に近いものです。したがって，その点を十分認識しておくことが重要となります。

解き方

　まず，「安全」の意味をしっかり把握すること。「安全」とは“危険のないこと”であるので，これに意味が最も近いものを探す。

A：「元気」……体の調子がよくて健康なこと。
　　文例「早く元気になれ」

B：「平穏」……静かで穏やかなこと。
　　文例「平穏な生活を送る」

C：「安心」……気がかりなことがなく，やすらかに落ち着いていること。
　　文例「父にまかせれば安心だ」

D：「無事」……病気や事故などの心配ごとが何もないこと。
　　文例「ご無事でなによりです」

E：「安穏」……変わりがなく，穏やかなさまのこと。
　　文例「安穏な人生を送る」

解答　D

次の語句の反意語を選びなさい。

「増進」

A 躍進 　　　　B 減退 　　　　C 軽減

D 増強 　　　　E 減少

 Point
- 示された語句と反対の意味の漢字を含むものを探す。
- 自信がないときは，必ず消去法を使う。
- 反意語の構成については，普遍的な原則はない。
つまり，いろいろなパターンがある。

解き方

　反意語にはいろいろなパターンがあるが，「増↔減」「異↔同」「曲↔直」「遠↔近」「善↔悪」などの相対字をもとに，多くの反意語がつくられている。したがって，反意語の問題においては，「相対字」がないか，これに目を配る必要がある。

反意語のパターン

　これには大別して，次の4つがある。

①相対字のみでつくられているもの
　　「増進↔減退」「軽薄↔重厚」
　　「広大↔狭小」「優良↔劣悪」

②相対字を使用したもの
　　「輸出↔輸入」「喜劇↔悲劇」
　　「勝利↔敗北」「軽率↔慎重」

③打消字を使用したもの
　　「好況↔不況」「肯定↔否定」
　　「当番↔非番」「道理↔無理」

④全体として反対語になるもの
　　「具体↔抽象」「建設↔破壊」
　　「賛成↔反対」「紳士↔淑女」
　　「保守↔革新」「権利↔義務」

発　展

すべての熟語には反意語がある

　漢字の実力を向上させる方法として，反意語を考えることがあります。これはすべての熟語には反意語があることによるものです。

　ただし，最初のうちは反意語を丸覚えすることをおすすめします。ある程度の反意語を覚えることで，反意語がどういうパターンでできているかがわかるので，それを踏まえて，自分で考えるようにするとよいでしょう。

解答　B

練習問題 同意語・反意語①

1. 次に示した語句と同じ意味のものを選びなさい。

文例

「一挙に完成する」
「最新兵器」

① 「一新」

A 新設	B 改革	C 一挙
D 刷新	E 最新	

② 「長所」

「優美な身のこなし」

A 賛美	B 美点	C 優秀
D 短所	E 優美	

③ 「寄与」

「寄生植物」
「寄生虫」

A 貢献	B 献身	C 朝貢
D 寄付	E 寄生	

④ 「完全」

「未完の大器」
「未完の小説」

A 皆無	B 完成	C 欠点
D 未完	E 無欠	

2. 次に示した語句と反対の意味のものを選びなさい。

① 「慢性」

「漫然と暮らす」
「緩慢なプレー」

A 急激	B 高慢	C 急性
D 漫然	E 緩慢	

② 「差別」

「ケーキを等分に分ける」

A 区別	B 平等	C 平和
D 等質	E 等分	

③ 「統一」

「ビルを解体する」

A 分解	B 解体	C 破滅
D 破裂	E 分裂	

④ 「生産」

「ビールの供給量を増加する」

A 消費	B 供給	C 流通
D 需要	E 経済	

3. はじめに示された二語の関係を考え，これと同じ関係になるような語句を選びなさい。

①永久：永遠──返事：☐　　　　　　　　　　　　　⇐同意語の関係
    A　呼応　　　　B　反応　　　　C　答辞
    D　応答　　　　E　回答

②異常：正常──集合：☐　　　　　　　　　　　　　⇐反意語の関係
    A　散在　　　　B　分類　　　　C　解散
    D　分散　　　　E　散乱

③主観：客観──総合：☐　　　　　　　　　　　　　⇐反意語の関係
    A　一般　　　　B　析出　　　　C　分析
    D　解析　　　　E　特殊

④外国：異国──体面：☐　　　　　　　　　　　　　⇐同意語の関係
    A　面目　　　　B　顔面　　　　C　対面
    D　体質　　　　E　風体

⑤未来：将来──自負：☐　　　　　　　　　　　　　⇐同意語の関係
    A　自我　　　　B　自生　　　　C　自立
    D　自慢　　　　E　自明

⑥合計：総計──不安：☐　　　　　　　　　　　　　⇐同意語の関係
    A　良心　　　　B　心配　　　　C　不当
    D　安心　　　　E　配慮

⑦原因：結果──形式：☐　　　　　　　　　　　　　⇐反意語の関係
    A　外観　　　　B　内心　　　　C　内容
    D　様式　　　　E　様相

解　答　同意語・反意語①

1. ① D　② B　③ A　④ E
2. ① C　② B　③ E　④ A
3. ① D　② C　③ C　④ A　⑤ D　⑥ B　⑦ C

1. 次に示した語句と同じ意味のものを選びなさい。

文例

「要求を黙殺する」

「血相を変える」

① 「無視」

| A | 多忙 | B | 相殺 | C | 黙殺 |
| D | 忙殺 | E | 血相 | | |

「車が破損する」

「全行程を踏破する」

② 「破産」

| A | 遺産 | B | 破損 | C | 踏破 |
| D | 倒産 | E | 財産 | | |

「味方を応援する」

「身分相応に振舞う」

③ 「援助」

| A | 応援 | B | 加勢 | C | 救助 |
| D | 救援 | E | 相応 | | |

「親に従順な子」

「努力次第で……」

④ 「順次」

| A | 従順 | B | 次第 | C | 順風 |
| D | 手順 | E | 逐次 | | |

2. 次に示した語句と反対の意味のものを選びなさい。

「事後承諾ですませる」

「申し入れを受諾する」

① 「拒絶」

| A | 享受 | B | 承諾 | C | 受諾 |
| D | 承知 | E | 甘受 | | |

「実業家への転身を図る」

② 「栄転」

| A | 変遷 | B | 転身 | C | 左遷 |
| D | 転居 | E | 事変 | | |

「弱冠二十歳」

③ 「強固」

| A | 軟弱 | B | 衰弱 | C | 弱冠 |
| D | 盛衰 | E | 柔軟 | | |

「酸化物から酸素を取り
除くことを還元という」

④ 「酸化」

| A | 燃焼 | B | 還元 | C | 気化 |
| D | 昇華 | E | 沈殿 | | |

3. はじめに示された二語の関係を考え，これと同じ関係になるような語句を選びなさい。

①自筆：代筆──受理：☐　　　　　　　　　　　　⇦反意語の関係
　　A　焼却　　　　B　下降　　　　C　返却
　　D　落下　　　　E　却下

②主演：助演──空虚：☐　　　　　　　　　　　　⇦反意語の関係
　　A　虚構　　　　B　充実　　　　C　実演
　　D　虚栄　　　　E　真実

③自然：天然──団結：☐　　　　　　　　　　　　⇦同意語の関係
　　A　結束　　　　B　結合　　　　C　結社
　　D　完結　　　　E　束縛

④中心：核心──天地：☐　　　　　　　　　　　　⇦同意語の関係
　　A　地殻　　　　B　昇天　　　　C　天窓
　　D　雲泥　　　　E　上昇

⑤急流：激流──不意：☐　　　　　　　　　　　　⇦同意語の関係
　　A　突風　　　　B　突出　　　　C　突然
　　D　衝突　　　　E　衝撃

⑥平凡：非凡──満月：☐　　　　　　　　　　　　⇦反意語の関係
　　A　半月　　　　B　新月　　　　C　名月
　　D　月光　　　　E　月齢

⑦平和：戦争──創造：☐　　　　　　　　　　　　⇦反意語の関係
　　A　模様　　　　B　類似　　　　C　相似
　　D　模倣　　　　E　純真

解答　同意語・反意語②

1. ① C　　② D　　③ B　　④ E
2. ① B　　② C　　③ A　　④ B
3. ① E　　② B　　③ A　　④ D　　⑤ C　　⑥ B　　⑦ D

1…同意語・反意語　　131

同意語

☐ 安全	―	無事	☐ 極言	―	極論	☐ 同意	―	賛成

☐ 安全 ― 無事　☐ 極言 ― 極論　☐ 同意 ― 賛成

☐ 一新 ― 刷新　☐ 沈着 ― 冷静　☐ 意見 ― 見解

☐ 長所 ― 美点　☐ 用意 ― 準備　☐ 催促 ― 督促

☐ 寄与 ― 貢献　☐ 豊富 ― 潤沢　☐ 一生 ― 終生

☐ 完全 ― 無欠　☐ 品行 ― 素行　☐ 忍耐 ― 我慢

☐ 永久 ― 永遠　☐ 過去 ― 以前　☐ 観念 ― 断念

☐ 返事 ― 応答　☐ 安価 ― 廉価　☐ 死亡 ― 死去

☐ 外国 ― 異国　☐ 君臨 ― 統治　☐ 元祖 ― 始祖

☐ 体面 ― 面目　☐ 改良 ― 改善　☐ 手本 ― 模範

☐ 未来 ― 将来　☐ 残念 ― 遺憾　☐ 不在 ― 留守

☐ 自負 ― 自慢　☐ 異議 ― 異存　☐ 論理 ― 理屈

☐ 合計 ― 総計　☐ 鼓舞 ― 激励　☐ 一致 ― 合致

☐ 不安 ― 心配　☐ 名作 ― 傑作　☐ 欠乏 ― 不足

☐ 無視 ― 黙殺　☐ 寄贈 ― 進呈　☐ 回想 ― 追想

☐ 破産 ― 倒産　☐ 必死 ― 夢中　☐ 軽挙 ― 妄動

☐ 援助 ― 加勢　☐ 釈明 ― 弁明　☐ 表面 ― 外面

☐ 順次 ― 逐次　☐ 急速 ― 早急　☐ 成就 ― 達成

☐ 自然 ― 天然　☐ 平易 ― 簡単　☐ 変化 ― 推移

☐ 団結 ― 結束　☐ 束縛 ― 拘束　☐ 許可 ― 認可

☐ 中心 ― 核心　☐ 信用 ― 信頼　☐ 本国 ― 故国

☐ 天地 ― 雲泥　☐ 静養 ― 休養　☐ 参与 ― 参画

☐ 急流 ― 激流　☐ 価格 ― 値段　☐ 処置 ― 処理

☐ 不意 ― 突然　☐ 計略 ― 策略　☐ 手腕 ― 腕前

☐ 試験 ― 考査　☐ 綿密 ― 精密　☐ 抵抗 ― 反抗

☐ 専念 ― 没頭　☐ 決行 ― 断行　☐ 確実 ― 着実

☐ 分別 ― 思慮　☐ 優待 ― 優遇　☐ 慰安 ― 慰労

☐ 混雑 ― 雑踏　☐ 運命 ― 宿命　☐ 欠点 ― 短所

☐ 美人 ― 佳人　☐ 特有 ― 固有　☐ 基礎 ― 基盤

☐ 心配 ― 懸念　☐ 知人 ― 知己　☐ 礼儀 ― 礼節

反意語

☐ 増進	↔	減退	☐ 栄転 ↔ 左遷	☐ 乾燥 ↔ 湿潤
☐ 軽薄	↔	重厚	☐ 強固 ↔ 軟弱	☐ 開業 ↔ 廃業
☐ 広大	↔	狭小	☐ 酸化 ↔ 還元	☐ 加盟 ↔ 脱退
☐ 優良	↔	劣悪	☐ 自筆 ↔ 代筆	☐ 極楽 ↔ 地獄
☐ 輸出	↔	輸入	☐ 受理 ↔ 却下	☐ 拡大 ↔ 縮小
☐ 喜劇	↔	悲劇	☐ 主演 ↔ 助演	☐ 熟練 ↔ 未熟
☐ 勝利	↔	敗北	☐ 空虚 ↔ 充実	☐ 出発 ↔ 到着
☐ 軽率	↔	慎重	☐ 平凡 ↔ 非凡	☐ 強大 ↔ 弱小
☐ 好況	↔	不況	☐ 満月 ↔ 新月	☐ 幹線 ↔ 支線
☐ 肯定	↔	否定	☐ 平和 ↔ 戦争	☐ 入学 ↔ 卒業
☐ 当番	↔	非番	☐ 創造 ↔ 模倣	☐ 満潮 ↔ 干潮
☐ 道理	↔	無理	☐ 理想 ↔ 現実	☐ 暗黒 ↔ 光明
☐ 具体	↔	抽象	☐ 遺失 ↔ 拾得	☐ 友好 ↔ 敵対
☐ 建設	↔	破壊	☐ 接近 ↔ 離反	☐ 発生 ↔ 消滅
☐ 賛成	↔	反対	☐ 加重 ↔ 軽減	☐ 陽気 ↔ 陰気
☐ 紳士	↔	淑女	☐ 原則 ↔ 例外	☐ 精神 ↔ 肉体
☐ 保守	↔	革新	☐ 淡泊 ↔ 濃厚	☐ 正式 ↔ 略式
☐ 権利	↔	義務	☐ 鋭角 ↔ 鈍角	☐ 当選 ↔ 落選
☐ 慢性	↔	急性	☐ 雨季 ↔ 乾季	☐ 主食 ↔ 副食
☐ 差別	↔	平等	☐ 独立 ↔ 従属	☐ 攻撃 ↔ 防御
☐ 統一	↔	分裂	☐ 過激 ↔ 穏健	☐ 近接 ↔ 遠隔
☐ 生産	↔	消費	☐ 歓喜 ↔ 悲哀	☐ 夏至 ↔ 冬至
☐ 異常	↔	正常	☐ 寛大 ↔ 厳格	☐ 圧勝 ↔ 惨敗
☐ 集合	↔	解散	☐ 応分 ↔ 過分	☐ 公海 ↔ 領海
☐ 主観	↔	客観	☐ 収賄 ↔ 贈賄	☐ 優等 ↔ 劣等
☐ 総合	↔	分析	☐ 絶対 ↔ 相対	☐ 予算 ↔ 決算
☐ 原因	↔	結果	☐ 忠臣 ↔ 逆臣	☐ 自立 ↔ 依存
☐ 形式	↔	内容	☐ 起床 ↔ 就寝	☐ 官製 ↔ 私製
☐ 拒絶	↔	承諾	☐ 自転 ↔ 公転	☐ 謄本 ↔ 抄本

2 二語の関係

例題 ①

次の二語の関係と同じ関係になるようなものを選びなさい。

〔ワイン：ぶどう〕― 〔日本酒：(　　　)〕

A　さつまいも　　　B　小麦　　　　　C　ライ麦
D　米　　　　　　　E　大麦

Point

• 二語の関係をすばやく正確につかむこと。
• 大部分の問題は，「包含関係」「原材料関係」「役割・機能関係」
「行為関係」「並立関係」「ワンセットの関係」である。
• 多くの問題を解いて，慣れることが重要である。

※　二語の関係の問題で
は，「同意語関係」「反意
語関係」の問題も出題さ
れます。しかし，これら
の問題についてはすでに
練習したので，ここでは
扱っていません。

解き方

まず最初に，「ワイン」と「ぶどう」の関係について考える。す
ると，「ぶどう」は「ワイン」の原材料である。したがって，「日本
酒」の原材料は何かを考えればよい。これは米なので，(　　)に
はDの「米」が入ることになる。この種の問題を「原材料関係」の
問題という。

解答　D

類題

次の二語の関係と同じ関係になるようなものを選びなさい。

〔自動車：ガソリン〕― 〔冷蔵庫：(　　　)〕

A　ガス　　　　　　B　食料品　　　　C　電子レンジ
D　飲料水　　　　　E　電気

ガソリンは自動車の燃料である。冷蔵庫のエネルギー源は電気で
ある。

解答　E

·············· 例 題 ②··············

次の二語の関係と同じ関係になるようなものを選びなさい。

〔牛：肉類〕—〔びわ：(　　　　)〕

A　魚類　　　　　　B　果実　　　　　　C　野菜

D　穀物　　　　　　E　貝類

- 含む語と含まれる語の関係（包含関係）。
- 「牛」は「肉類」に含まれる。
- 問題を解きながら，答えを丸覚えし，
  知識量を増やす。

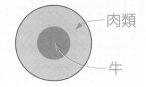

肉類

牛

解 き 方

　「牛」は「肉類」に含まれるので，「びわ」はA〜Eのどれに含まれるかを考えればよい。

　ただ，「びわ」が「果実」か「野菜」かはわかっても，これらのどちらか，判断に迷う者がたまにいる。

　下に，「果実」と「野菜」の主要なものをまとめておいたので，必ずチェックしておこう。

解答　B

果実　みかん，りんご，なし，ぶどう，もも，うめ，ネーブルオレンジ，パインアップル，はっさく，なつみかん，西洋なし，はっさく，すもも，かき，さくらんぼ，くり，びわ

野菜　だいこん，はくさい，にんじん，ねぎ，すいか，キャベツ，トマト，レタス，ブロッコリー，なす，たまねぎ，きゅうり，ほうれんそう，さといも，やまいも，かぶ，いちご，かぼちゃ，ピーマン，メロン，スイートコーン，れんこん，ごぼう，えだまめ

アドバイス

考える順番

　二語の関係を考える場合，最初に検討してみるのが「包含関係」と「原材料関係」です。これらは出題頻度が高いし，わかりやすいので，まずこれらに該当しないかチェックしてみるとよいでしょう。

　次に，「役割・機能関係」「行為関係」をチェックし，その後「並立関係」「ワンセットの関係」について検討してみるとよいでしょう。

　なお，これらの関係に該当しないものも出題されることはあるので，そうしたときは柔軟に対処しましょう。

例題 ③

次の二語の関係と同じ関係になるようなものを選びなさい。

〔検温：体温計〕―〔(　　　)：トラック〕

A　飛行機　　　　B　貨物列車　　　C　スピード

D　輸送　　　　　E　道路

Point

・「左の語と右の語」あるいは「右の語と左の語」とは，
　必ず何らかの関係があること。

・二語の関係が「役割・機能関係」にある場合，
　一方の語は他方の語の役割・機能を表している。

確　認

大部分のものは何らかの
目的をもってつくられて
いる

体温計，トラックはも
とより，台所用品，卓上
用品，金属洋食器，陶磁
器など大部分のものは生
活向上に役立てるため，
何らかの目的をもってつ
くられています。したが
って，モノには固有の役
割・機能があるのです。

解 き 方

　体温計は体温をはかるためのものである。よって，〔検温：体温計〕
と書かれてある。もちろん，〔体温計：検温〕と書かれてある場合
もある。この場合には，問題自体が下のようになっている。

　〔体温計：検温〕―〔トラック：(　　　)〕

　上記からわかるように，「左の語の果たす役割」「右の語の果たす
役割」は同じである。したがって，たとえば，

　〔体温計：検温〕―〔(　　　)：トラック〕

となっている場合，問題として成立しないことになる。

　A～Eの中から，トラックの機能に当たるものが解答となる。
トラックはスピードを目的に生産されるものではなく，主な目的は
「輸送」である。トラックは飛行機，貨物列車と競合するものでは
あるが，ここで求められているのはトラックの機能なので，これら
も該当しないことになる。

解答　D

例 題 ④

次の二語の関係と同じ関係になるようなものを選びなさい。
〔エコノミスト：経済の分析〕—〔気象予報士：(　　　)〕

A　天気予報　　　　B　気象庁　　　　C　テレビ
D　地震速報　　　　E　台風情報

- 「エコノミスト」と「経済の分析」との関係を考える。
  すると,「経済の分析」とは「エコノミスト」の本来の仕事であるとわかる。
- 「エコノミスト」という「行為者」が「〜を行う」という関係が成立する場合,
  これを「行為関係」という。

解 き 方

　「エコノミスト」が本来の仕事である「経済の分析」を行っている場合,「気象予報士」も本来の仕事を行わなくてはならない。
　「気象予報士」の本来の仕事は「天気予報」であるので, これが解答になる。

解答　A

類題

次の二語の関係と同じ関係になるようなものを選びなさい。
〔演奏：ピアニスト〕—〔(　　　)：学者〕

A　大学　　　　B　原稿　　　　C　研究
D　講演　　　　E　留学

　ピアニストは主語となりえるので,「ピアニストが演奏をする」という文をつくってみると成立するので, これは「行為関係」といえる。
　「学者」の本来の仕事は「研究」である。

解答　C

> 注 意
>
> 〔演奏：ピアニスト〕と
> 〔演奏：ピアノ〕の違い
>
> 　〔演奏：ピアニスト〕
> は行為関係ですが,〔演
> 奏：ピアノ〕は「役割・
> 機能関係」となります。
> なぜなら, ピアノの機能
> は演奏することにあるか
> らです。
> 　このように,「演奏」
> は同じでも「ピアニスト」
> と「ピアノ」とでは二語
> の関係が変わってしまう
> ので, 十分気をつけまし
> ょう。

··········•●● 例 題 ⑤ ●●•··········

次の二語の関係と同じ関係になるようなものを選びなさい。

〔直流：交流〕―〔仏教：（　　　　）〕

A　法隆寺　　　　　B　牧師　　　　　C　キリスト教

D　宣教師　　　　　E　教会

- 左の語と右の語を使って文をつくってみる。
- 主語は何かを考える。主語が2つの場合，「並立関係」の可能性が高い。
- 「並立関係」とは「同列関係」のことである。

アドバイス

多くの問題を解いてみよう

　二語の関係の問題は「包含関係」「原材料関係」「役割・機能関係」「行為関係」「並立関係」「ワンセットの関係」など，その関係が「同意語関係」「反意語関係」を除いても6種類以上あることから，なかなか頭の中で整理ができなくなることがあります。

　こうした問題を解決する方法はいろいろありますが，要は慣れなので，多くの問題にあたり，失敗を繰り返すことで，実力が向上していくと考えましょう。

解 き 方

　「直流」も「交流」も，「電流」の一種である。よって，直流と交流の2つは並立関係にあるといえる。

　「仏教」は宗教の1つであるので，並立関係が成立するためには，A～Eの中から宗教を選ばなくてはならない。

　「牧師」「宣教師」「教会」の3つはキリスト教に関係の深いものではあるが，宗教ではない。

解答　C

類題

次の二語の関係と同じ関係になるようなものを選びなさい。

〔ニワトリ：タカ〕―〔イワシ：（　　　　）〕

A　ウサギ　　　　　B　ヤモリ　　　　　C　フナ

D　サンショウウオ　E　ウシ

サンショウウオは両生類に属する。

解答　C

······· 例 題 ⑥ ·······

次の二語の関係と同じ関係になるようなものを選びなさい。

〔男性：女性〕—〔教師：(　　　)〕

A　校長　　　　　B　教育委員会　　　C　PTA

D　生徒　　　　　E　校舎

- 2つで1組となっているものを「1組の関係」「1対の関係」「ワンセットの関係」などという。
- 「ワンセットの関係」と「並立の関係」はよく似ているが、前者の場合、"2つで1組となっている"点にウエートがかかっている。
- 「ワンセットの関係」と「並立の関係」とが区別しにくいものもあるが、その点が自分でわかっていれば問題を解く上で支障はない。

解 き 方

　「男性」と「女性」とで一対となるので、「教師」と「〜」とで一対となるものを見つけなくてはならない。

　「教師」と「校長」とでは一対とはならないので、一般的に考えて、「教師」と「生徒」とで一対と考えるべきであろう。

解答　D

類題

次の二語の関係と同じ関係になるようなものを選びなさい。

〔経営者：従業員〕—〔地球：(　　　)〕

A　水星　　　　　B　金星　　　　C　木星

D　土星　　　　　E　月

解答　E

アドバイス

一つひとつ組み合わせてみる

　二語の関係がどうしてもわからないときは、一つひとつあてはめてみるとよいでしょう。

　上記の問題でいえば、〔教師—校長〕〔教師—教育委員会〕〔教師—PTA〕などと考えていきます。すると、イメージ的にピタリとくるものに出くわすことがあるので、それを解答にするとよいでしょう。

練習問題　二語の関係①

1. はじめに示された二語の関係と同じ関係になるようなものを選びなさい。

包含関係⇨

① 〔野球：スポーツ〕─〔（　　　）：野菜〕
A　はっさく　　B　りんご　　　C　トマト
D　すもも　　　E　かき

役割・機能関係⇨

② 〔屋根：かわら〕─〔床：（　　　）〕
A　壁　　　　　B　玄関　　　　C　ふとん
D　たたみ　　　E　天井

役割・機能関係⇨

③ 〔水泳：プール〕─〔演奏：（　　　）〕
A　レストラン　　B　飛行機　　　C　バイオリン
D　美術館　　　　E　サッカー

原材料関係⇨

④ 〔牛乳：チーズ〕─〔（　　　）：シャツ〕
A　バーゲン　　B　洗濯　　　　C　上着
D　デパート　　E　布

ワンセットの関係⇨

⑤ 〔弓：矢〕─〔机：（　　　）〕
A　本　　　　　B　いす　　　　C　電気スタンド
D　えんぴつ　　E　引き出し

2. はじめに示された二語の関係と，同じ関係になっているものを選びなさい。

「海流：寒流」
　⇧包含関係

① 海流：寒流
　ア　理容師：調髪
　イ　電卓：計算
　ウ　宇宙：地球
A　アだけ　　B　イだけ　　C　ウだけ
D　アとイ　　E　アとウ

② タイヤ：ゴム
　　ア　1円玉：アルミニウム
　　イ　文学：小説
　　ウ　鳥：空を飛ぶ
　A　アだけ　　　　B　イだけ　　　C　ウだけ
　D　アとイ　　　　E　イとウ

「タイヤ：ゴム」
　⇧原材料関係

③ まな板：包丁
　　ア　こま：玩具
　　イ　糸：針
　　ウ　教師：教育
　A　アだけ　　　　B　イだけ　　　C　ウだけ
　D　アとイ　　　　E　アとウ

「まな板：包丁」
　⇧ワンセットの関係

④ 自転車：サドル
　　ア　消防官：消火
　　イ　宝石：ルビー
　　ウ　ショールーム：展示
　A　アだけ　　　　B　イだけ　　　C　ウだけ
　D　アとイ　　　　E　イとウ

「自転車：サドル」
　⇧包含関係

⑤ 日本酒：米
　　ア　新聞：紙
　　イ　バッタ：昆虫
　　ウ　尺八：竹
　A　アだけ　　　　B　イだけ　　　C　ウだけ
　D　アとイ　　　　E　アとウ

「日本酒：米」
　⇧原材料関係

解答・解説　二語の関係①

1. ① C　② D　③ C　④ E　⑤ B
2. ① C　② A　③ B　④ B　⑤ E

解説　①「理容師：調髪」―行為関係，「電卓：計算」―役割・機能関係　②「文学：小説」―包含関係，「鳥：空を飛ぶ」―行為関係　③「こま：玩具」―包含関係，「教師：教育」―行為関係，④「消防官：消火」―行為関係，「ショールーム：展示」―役割・機能関係　⑤「バッタ：昆虫」―包含関係

練習問題　二語の関係②

1. はじめに示された二語の関係と同じ関係になるようなものを選びなさい。

原材料関係⇨

① 〔小麦：パン〕—〔(　　　　)：しょう油〕
　　A　大麦　　　　B　とうもろこし　　　C　あずき
　　D　大豆　　　　E　さつまいも

役割・機能関係⇨

② 〔電車：輸送〕—〔ものさし：(　　　　)〕
　　A　体重　　　　B　湿度　　　　　　　C　長さ
　　D　温度　　　　E　時間

包含関係⇨

③ 〔くり：果実〕—〔(　　　　)：貝類〕
　　A　さざえ　　　B　こんぶ　　　　　　C　にしん
　　D　わかめ　　　E　たこ

役割・機能関係⇨

④ 〔のこぎり：切断〕—〔天びん：(　　　　)〕
　　A　平衡　　　　B　分銅　　　　　　　C　損得
　　D　金物　　　　E　計量

並立関係⇨

⑤ 〔バット：グローブ〕—〔たまねぎ：(　　　　)〕
　　A　うめ　　　　B　りんご　　　　　　C　かぼちゃ
　　D　茶　　　　　E　コーヒー

2. はじめに示された二語の関係と，同じ関係になっているものを選びなさい。

行為関係⇨

① 大工：建築
　　ア　歌人：和歌
　　イ　検察官：起訴
　　ウ　木星：水星
　　A　アだけ　　　B　イだけ　　　　　　C　ウだけ
　　D　アとイ　　　E　アとウ

② カメ：ハチュウ類　　　　　　　　　　　　　　　　　⇦包含関係

　　ア　小麦粉：うどん

　　イ　かなづち：工具

　　ウ　日食：月食

A　アだけ　　　　B　イだけ　　　　C　ウだけ

D　アとイ　　　　E　イとウ

③ バス：タクシー　　　　　　　　　　　　　　　　　　⇦並立関係

　　ア　とうもろこし：穀物

　　イ　電気冷蔵庫：エアコン

　　ウ　鉄鉱石：鋼材

A　アだけ　　　　B　イだけ　　　　C　ウだけ

D　アとイ　　　　E　アとウ

④ メス：外科医　　　　　　　　　　　　　　　　　⇦ワンセットの関係

　　ア　かまぼこ：魚

　　イ　レタス：アスパラガス

　　ウ　まわし：力士

A　アだけ　　　　R　イだけ　　　　O　ウだけ

D　アとイ　　　　E　イとウ

⑤ なべ：みそ汁　　　　　　　　　　　　　　　　　⇦役割・機能関係

　　ア　プリンタ：印字

　　イ　大根：八百屋

　　ウ　はさみ：裁断

A　アだけ　　　　B　イだけ　　　　C　ウだけ

D　アとイ　　　　E　アとウ

解答・解説　二語の関係②

1. ①　D　　②　C　　③　A　　④　E　　⑤　C

2. ①　D　　②　B　　③　B　　④　C　　⑤　E

解説　①「木星：水星」―並立関係。②「小麦粉：うどん」―原材料関係。「日食：月食」―並立関係。③「とうもろこし：穀物」―包含関係。「鉄鉱石：鋼材」―原材料関係。④「かまぼこ：魚」―原材料関係。「レタス：アスパラガス」―並立関係。（ともに野菜である）⑤「大根：八百屋」―ワンセットの関係。

1. はじめに示された二語の関係と同じ関係になるようなものを選
びなさい。

原材料関係⇨

① 〔豆腐：大豆〕―〔(　　　　)：麦〕

  A　日本酒　　　B　ワイン　　　　C　ジュース

  D　ビール　　　E　コーヒー

包含関係⇨

② 〔カレーライス：料理〕―〔(　　　　)：筆記用具〕

  A　三角定規　　B　消しゴム　　　C　分度器

  D　修正液　　　E　万年筆

役割・機能関係⇨

③ 〔プロペラ：推進〕―〔肺：(　　　　)〕

  A　呼吸　　　　B　消化　　　　　C　循環

  D　酵素　　　　E　伝達

並立関係⇨

④ 〔金星：土星〕―〔(　　　　)：カエル〕

  A　トカゲ　　　B　イモリ　　　　C　ワニ

  D　カメ　　　　E　ヘビ

ワンセットの関係⇨

⑤ 〔ナイフ：フォーク〕―〔(　　　　)：ブレーキ〕

  A　ハンドル　　B　アクセル　　　C　道路標識

  D　車輪　　　　E　タイヤ

2. はじめに示された二語の関係と，同じ関係になっているものを
選びなさい。

役割・機能関係⇨

① 携帯電話：通信

  ア　チラシ：宣伝

  イ　家具：ソファー

  ウ　ピアノ：演奏

  A　アだけ　　　B　イだけ　　　　C　ウだけ

  D　アとイ　　　E　アとウ

② ランチ：ディナー   ⇦並立関係

    ア　トラック：運搬

    イ　夏目漱石：坊ちゃん

    ウ　植物：動物

A　アだけ　　　　B　イだけ　　　　C　ウだけ

D　アとイ　　　　E　イとウ

③ クーラー：冷房   ⇦役割・機能関係

    ア　望遠鏡：観測

    イ　サクラ：ソメイヨシノ

    ウ　目玉焼き：玉子

A　アだけ　　　　B　イだけ　　　　C　ウだけ

D　アとイ　　　　E　アとウ

④ 石灰岩：セメント   ⇦原材料関係

    ア　お茶：飲料

    イ　カシミヤ：ヤギ

    ウ　カカオ：チョコレート

A　アだけ　　　　B　イだけ　　　　C　ウだけ

D　アとイ　　　　E　イとウ

⑤ 弁護士：法務   ⇦行為関係

    ア　みそ：しょう油

    イ　作家：執筆

    ウ　ベッド：就寝

A　アだけ　　　　B　イだけ　　　　C　ウだけ

D　アとイ　　　　E　アとウ

解答・解説　二語の関係③

1. ①　D　　②　E　　③　A　　④　B　　⑤　B

2. ①　E　　②　C　　③　A　　④　C　　⑤　B

解説　①「家具：ソファー」—包含関係。②「トラック：運搬」—役割・機能関係。「夏目漱石：坊ちゃん」—行為関係。　③「サクラ：ソメイヨシノ」—包含関係。「目玉焼き：玉子」—原材料関係。④「お茶：飲料」—包含関係。「カシミヤ：ヤギ」は「ヤギ：カシミヤ」でないと，「石灰岩：セメント」の関係と同じものとはならない。⑤「みそ：しょう油」—並立関係。「ベッド：就寝」—役割・機能関係。

練習問題 二語の関係④

1. はじめに示された二語の関係と同じ関係になるようなものを選びなさい。

包含関係⇨

① 〔海そう：わかめ〕―〔首都：（　　　　）〕
  A　ニューヨーク　　B　ファッション　　C　ロンドン
  D　大都会　　　　　E　政治

役割・機能関係⇨

② 〔食事：レストラン〕―〔（　　　　）：ホテル〕
  A　衣類　　　　B　行政　　　　C　研究
  D　インテリア　E　宿泊

行為関係⇨

③ 〔ディレクター：演出〕―〔アスリート：（　　　　）〕
  A　事務　　　B　芸術　　　C　陸上競技
  D　営業　　　E　監督

原材料関係⇨

④ 〔おにぎり：米〕―〔スパゲティ：（　　　　）〕
  A　大麦　　　B　芋　　　　C　砂糖きび
  D　そば粉　　E　小麦粉

役割・機能関係⇨

⑤ 〔スーパー：買い物〕―〔デジカメ：（　　　　）〕
  A　量販店　　B　流行　　　C　パソコン
  D　撮影　　　E　液晶テレビ

2. はじめに示された二語の関係と，同じ関係になっているものを選びなさい。

ワンセットの関係⇨

① 　売る：買う
  ア　計測：定規
  イ　アミラーゼ：酵素
  ウ　筆：墨
  A　アだけ　　　B　イだけ　　　C　ウだけ
  D　アとイ　　　E　アとウ

② マンション：住居　　　　　　　　　　　　　　　　　　　⇦包含関係
　　ア　ショベル：掘削
　　イ　おから：大豆
　　ウ　くじら：ほ乳類
A　アだけ　　　B　イだけ　　　C　ウだけ
D　アとイ　　　E　イとウ

③ キャスター：報道　　　　　　　　　　　　　　　　　　　⇦行為関係
　　ア　社員：会社役員
　　イ　プロデューサー：製作
　　ウ　ガードマン：警備
A　アだけ　　　B　イだけ　　　C　ウだけ
D　アとイ　　　E　イとウ

④ 胃：食物の消化　　　　　　　　　　　　　　　　　　　⇦役割・機能関係
　　ア　学習塾：勉強
　　イ　聴覚：五感
　　ウ　飛行機：飛行船
A　アだけ　　　B　イだけ　　　C　ウだけ
D　アとイ　　　E　アとウ

⑤ 小麦粉：ピザ　　　　　　　　　　　　　　　　　　　　⇦原材料関係
　　ア　刺身：和食
　　イ　い草：畳表
　　ウ　ウイスキー：ライ麦
A　アだけ　　　B　イだけ　　　C　ウだけ
D　アとイ　　　E　アとウ

解答・解説　二語の関係④

1. ①　C　　②　E　　③　C　　④　E　　⑤　D
2. ①　C　　②　C　　③　E　　④　A　　⑤　B
　　解説　①「計測：定規」―役割・機能関係。「アミラーゼ：酵素」―包含関係。②「ショベル：掘削」―役割・機能関係。「おから：大豆」―原材料関係。③「社員：会社役員」―包含関係。④「聴覚：五感」―包含関係。「飛行機：飛行船」―並立関係。⑤「刺身：和食」―包含関係。「ウイスキー：ライ麦」は「ライ麦：ウイスキー」でないと，「小麦粉：ピザ」の関係と同じものとはならない。

3 語句の意味

例題①

次の語句の意味を最も的確に表しているものを選びなさい。

〔敬服〕

A あることが実現するように強く望むこと。
B 心から感心して尊敬の念を持つこと。
C 興味をもち，それに夢中になること。
D ある人や物事に心を奪われ，それに熱中すること。
E 身のひきしまるような思いで，尊敬すること。

Point

・語句の意味の「中心部分」が書かれているかどうかで，正誤を判断すること。
・出題される語句は日頃よく使われる語句である。
・A～Eのうち1つ選ぶ場合，3つは容易に消せるようになっている。

アドバイス

実力アップ法

　「語句」の場合，知っている言葉の数を増やすことです。そのためには，書籍，新聞などを読み，わからない言葉の意味を調べ，覚えるほかありません。

　数学でいえば，数多くの問題にあたり，その解き方を一つひとつ覚えるようなものです。

解き方

　「敬服」の意味の中心部分は"相手に対して尊敬の気持ちを持つこと"である。よって，この段階で，A，C，Dの3つは消せる。

　残りはBかEである。2つのうち1つを選ぶ場合，消去法を使うとよい。つまり，"どちらに不適切なものが含まれているか"という観点で比較・検討してみるとよい。すると，Eの"身のひきしまるような思い"という箇所が不適切に思われる。Eは「畏敬」の意味である。

解答　B

例題②

次の意味に最も合致するものを下から選びなさい。

「行動や欲望などを無理におさえつけること」

A	圧迫	B	抑制	C	弾圧
D	節制	E	抑圧		

- 語句の意味のうち，重要な部分に下線を引いてみる。
  （例）……無理におさえつけること。
- 「圧迫」と「無理におさえつける」とがマッチするか検討し，「抑制」などについても一つひとつ検討する。

解き方

消去法がオーソドックスな手法ではあるが，すばやく解くことも求められるので，自信があるときは「ズバリ」と選べばよい。

解答 E

アドバイス

「消去法」と「ズバリ法」をうまく使い分けることが大切です。

例題③

次の意味に最も合致するものを選びなさい。

「仕事などが途中でだめになること」

A	屈折	B	挫折	C	失敗
D	中断	E	延期		

- 「途中でだめになる」に着目する。
- 「だめになる」にあてはまらないものを考える。
  「屈折」「延期」がこれに該当する。
- 「挫折」「失敗」「中断」について文例を考えてみる。

解き方

文例は次のとおりである。
「計画が挫折する」
「試験に失敗する」
「会議を中断する」

解答 B

アドバイス

スピードが求められる！
SPIの場合，「正確さ」とともに「スピード」が求められるので，じっくりと考えてばかりはいられません。

練習問題 語句の意味

1. はじめに示した語句の意味を的確に表しているものを選びなさい。

[文例]

「精鋭をえりすぐる」

① 〔精鋭〕

 A 詳しく細かいこと。

 B 体がたくましく，気力がみちあふれていること。

 C 活動の原動力となるはたらきのこと。

 D えり抜きのすぐれた人のこと。

 E ひとつのことに打ち込んで努力をすること。

「試験を施行する」

「法律を施行する」

② 〔施行〕

 A 工事を行うこと。

 B 政策などを実行すること。

 C ためしに行うこと。

 D 古くからのならわしとして行うこと。

 E 連れ立って行くこと。

▶「肝に銘ずる」の類語に「心に刻む」がある。なお，「肝を冷やす」の意味は「非常に驚き，ぞっとすること」である。

③ 〔肝に銘ずる〕

 A 心に深くきざみつけて，忘れないこと。

 B 身にしみて感じること。

 C 少しのことにおそれたりしないこと。

 D ひどくびっくりすること。

 E そわそわすること。

▶「手」については，「手がかかる」「手が離れる」「手に汗を握る」「手取り足取り」「手に取るよう」などがある。

④ 〔手をこまねく〕

 A いろいろと世話がやけること。

 B 物事をてきぱきと処理すること。

 C 閉口して投げ出すこと。

 D 何もせずじっとみていること。

 E 今やりかけていて他のことができないこと。

2. はじめに示した意味に最も合致するものを選びなさい。

① 「せっかちであること」

A	応急	B	緊急	C	早急
D	性急	E	至急		

文例
「応急の処置」

② 「たくさんのことを知っていること」

A	知識	B	識別	C	博識
D	理性	E	知性		

「暗くて人の顔も識別で
きない」

③ 「ほかよりとくに」

A	特殊	B	格別	C	特異
D	独自	E	独特		

「独自に調査を行う」

④ 「自分の考えで判断を下して，処理すること」

A	裁量	B	裁決	C	決裁
D	決行	E	計量		

「体重の計量」

⑤ 「知らないふりをすること」

A	耳が早い	B	目を配る	
C	背を向ける	D	口をぬぐう	
E	鼻を明かす			

「ライバルの鼻を明かす」

⑥ 「自分はなんの努力もしないで，いい気になること」

A	頭をもたげる	B	上前をはねる	
C	あぐらをかく	D	悪態をつく	
E	足げにする			

「仕事のあっせんをして，
労賃の上前をはねる」

解答・解説　語句の意味

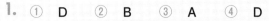

1. ① D　② B　③ A　④ D
2. ① D　② C　③ B　④ A　⑤ D　⑥ C
　解説　⑤「目を配る」とは，「注意して見ること」。⑥「悪態をつく」とは，「相手
を口汚くののしること」。

4 同音異義語・同訓異義語

······ 例 題 ① ······

_____線部のことばに最も近い意味で使われているものを選びなさい。

① それはキセイの事実である。

    A 政治資金をキセイする。   B 建設業界にキセイする。

    C 労使関係をキセイする法律をつくる。   D キセイ概念を打破する。

    E 若い女性がキセイを発する。

② 政府が貯蓄をカンショウする。

    A カンショウ地帯を設ける。   B 退職カンショウを受け入れる。

    C カンショウにひたる。   D 事務をカンショウする。

    E 絵画をカンショウする。

Point

意味をよく考えて，漢字に直してみる。
↓
例文で使われている「漢字」と同じものが正解となる。

確 認

同音異義語とは，発音は同じであるものの，それが表す意味が異なる語をいいます。

〈同音異義語の多いことば（例）〉

*コウショウ：高尚，口承，交渉，考証，鉱床，公証，公傷，好尚，など。

*キコウ：気候，紀行，起工，寄稿，帰港，機構，など。

*コウシ：講師，公私，公使，行使，格子，光子，など。

*コウキ：好奇，綱紀，高貴，好機，後期，香気，など。

解 き 方

① 例文の_____線部を漢字に直すと「既成」。

A〜Eの_____線部を漢字に直すと，A：規正，B：寄生，C：規制，D：既成，E：奇声。

これらの意味は次のとおり。

○規正：規律に従って改め正すこと。○寄生：他人や組織にすがって，そのおこぼれで利益を得ること。○規制：混乱などを避けるため，規則をつくって制限すること。○既成：既にできあがって，世に行われていること。○奇声：普通ではない変な声のこと。

解答 D

② 例文の_____線部を漢字に直すと「勧奨」。

A〜Eの_____線部を漢字に直すと，A：緩衝，B：勧奨，C：感傷，D：管掌，E：鑑賞。

これらの意味は次のとおり。

○緩衝：二つのものの間に立って，不和・衝突をやわらげること。○勧奨：積極的に勧めること。○感傷：物事に心を動かされて，悲しくなったりすること。○管掌：つかさどること。○鑑賞：芸術作品などのよさを見極め，味わうこと。

解答 B

_____線部のことばに最も近い意味で使われているものを選びなさい。

① 悪い例として<u>あがる</u>。

    A   夏になると気温が<u>あがる</u>。   B   天ぷらが<u>あがる</u>。

    C   子どもが小学校に<u>あがる</u>。   D   午前中に雨が<u>あがる</u>。

    E   動かぬ証拠が<u>あがる</u>。

② 会社の乗っ取りを<u>はかる</u>。

    A   新企画を会議に<u>はかる</u>。   B   池の水深を<u>はかる</u>。

    C   大統領の暗殺を<u>はかる</u>。   D   ２点間の移動時間を<u>はかる</u>。

    E   生産体制の合理化を<u>はかる</u>。

消去法を使う。つまり，例文で使われている意味と確実に異なると考えられるものを１つひとつ消していく。そして，残ったものについて，どれが最も近い意味で使われているかを判断する。

解き方

① まずは，例文の_____線部を漢字に直すと「挙がる」。

「挙」は，はっきりとよくわかるようにあがる場合に使われることが多い。

A～Eの_____線部を漢字に直すと，A：上がる，B：揚がる，C：上がる，D：上がる，E：挙がる。

上記のほかに，「揚がる」は「旗があがる」「たこがあがる」，「挙がる」は「犯人があがる」などの場合に使われる。

解答 E

② 例文の_____線部を漢字に直すと「謀る」。「謀る」は，何かをたくらむ場合に使われる。

A～Eの_____線部を漢字に直すと，A：諮る，B：測る，C：謀る，D：計る，E：図る。

○「諮る」は，相談する場合に使われる。

○「測る」は，測量，推測する場合に使われる。よって，「相手の真意を測る」としても使われる。

○「計る」は，計算，計画する場合に使われる。よって，「利益を計る」としても使われる。

○「図る」は，意図，企画する場合に使われる。

解答 C

確認

問題①の_____線部を漢字に直すと「挙」「上」「揚」となります。これらの漢字のように，訓読みは同じでも漢字が異なるものを「同訓異字」といいます。また，同じ訓読みでも意味の違う語を「同訓異義語」といいます。

「上」は，A，C，Dで使われます。しかし，「上」という漢字を使っても，Aの「上がる」とCの「上がる」とDの「上がる」の意味は異なります。Aは低いところから高い方へ動く，という意味。Cは地位や程度などが高くなる，という意味。Dは続いていたものが終わる，という意味。

練習問題　同音異義語・同訓異義語

_____線部のことばに最も近い意味で使われているものはどれか。

① 新製品の品質をホショウする。

    A　社会ホショウ制度を拡充する。

    B　憲法で人権をホショウする。

    C　労働者災害ホショウ保険に加入する。

    D　絶対に失敗しないというホショウはない。

    E　ホショウの問題で遺族が話し合う。

② 美しい音楽をきく。

    A　うわさをきく。

    B　政治家の講演をきく。

    C　医者からもらった薬がきく。

    D　夜中に物音をきく。

    E　彼女は鼻がきく。

③ 余罪をツイキュウする。

    A　真理をツイキュウする。

    B　幸福をツイキュウする。

    C　理想をツイキュウする。

    D　管理者の責任をツイキュウする。

    E　問題の本質をツイキュウする。

④ 今日は朝からあつい。

    A　あつい風呂に入る。

    B　この部屋はとてもあつい。

    C　あつい戦争に突入する。

    D　あつい友情で結ばれている。

    E　あつい雲がたれこめる。

アシスト

　「ホショウ」のおもな同音異義語としては、「保証」「保障」「補償」がある。

アシスト

　「きく」の「き」の同訓異字としては、次のようなものがある。「利」「効」「聞」「聴」。

アシスト

　「ツイキュウ」のおもな同音異義語としては、「追及」「追求」「追究」がある。

アシスト

　「あつい」の「あつ」の同訓異字としては、「厚」「熱」「暑」がある。

① **D**

解説　新製品の品質を<u>ホショウ</u>（保証）する。「保証」は，責任をもつ，請け合うことである。よって，「人物を保証」するなどで使われる。

AとB：保障。「保障」は，相手の立場や権利などを保護すること。よって，「最低賃金を保障する」などで使われる。

CとE：補償。「補償」は，損害を償うこと。よって，「国に補償を求める」「損失を補償する」などで使われる。

D：保証。「保証人」「保証つきの品」「身元の保証」などで使われる。

② **B**

解説　美しい音楽を<u>きく</u>（聴く）。「聴」は，自分のほうから積極的に耳を傾けることである。

AとD：聞く。この場合の「聞く」は，耳に聞こえるということ。

B：聴く。「聴く」は，傾聴するということ。

C：効く。「効く」は，効能，効果があがるということ。

E：利く。「利く」は，よく機能が働くということ。

③ **D**

解説　余罪を<u>ツイキュウ</u>（追及）する。この場合の「追及」は，どこまでも追い詰めるという意味である。「追及」はこのほかに，あとから追いかけて追いつくという意味がある。この場合，「追及をかわす」などで使われる。

AとE：追究。「追究」は，不明なものなどをどこまでも尋ねて明らかにしようとすること。

B：追求。「追求」は，欲しいものを追い求めること。

C：追求。このほかに，「利益を追求する」「快楽を追求する」などで使われる。

D：追及。このほかに，「汚職を追及する」などで使われる。

④ **B**

解説　今日は朝から<u>あつい</u>（暑い）。「暑」は気温が高い場合に使われ，「熱」はそのものの熱が高い場合に使われる。

AとC：熱。「熱で体が熱い」「鉄は熱いうちに鍛えよ」「お熱い二人」などで使われる。

B：暑。「この夏は特に暑い」などで使われる。

D：厚。この場合の「厚」は，度合いがはなはだしいという意味。

E：厚。この場合の「厚」は，厚みがあるという意味。

→ P.184

例 題 ①

次の二語の関係を考え，これと同じ関係になるような語句を選びなさい。

① 花鳥：風月——主客：〔　　　〕

　A　転到　　　　　B　転結　　　　　C　天到

　D　転倒　　　　　E　天倒

② 提灯：釣鐘——渡り：〔　　　〕

　A　舟　　　　　　B　岩　　　　　　C　鳥

　D　雲　　　　　　E　水

Point

・左の語と右の語が組み合わされて四字熟語を形づくる場合

　　→四字熟語関係

・左の語と右の語が組み合わされてことわざ・慣用句を形づくる場合

　　→ことわざ・慣用句関係

・いずれの関係なのかを判断し，四字熟語関係の場合には，四字熟語を考えればよい。

アドバイス

コツコツ覚える

　四字熟語，ことわざ・慣用句を短期間のうちに一気に覚えようとすると "や〜めた" になってしまう。毎日少しずつ，コツコツ覚えていくことがポイントです。

　何度も繰り返し見ていると，ある日突然実力が一気に向上することになります。

解 き 方

① 「花鳥風月」という四字熟語がある。よって，「主客〜」という四字熟語があるかを考えればよい。「主客」といえば「テントウ」であるが，ここでの注意点は「テントウ」という漢字を間違いなく選ぶことである。

　「転」はわかっても，「到」と「倒」を迷う人もいる。そうしたときは，「到」と「倒」の意味をよく考えるとよい。

解答　D

② 「提灯に釣鐘」ということわざ・慣用句がある。よって，「渡り」を使ったことわざ・慣用句を探せばよい。「渡りに舟」。

解答　A

次の四字熟語の意味を最も的確に表しているものを下から選びなさい。

「南船北馬」

A　その場に応じて機転をきかせること。

B　味気もなくてつまらないこと。

C　大げさに言うこと。

D　あわてふためくこと。

E　忙しく旅をしてまわること。

・初めて見る四字熟語でもあせらないこと。

・四字熟語の組み立てがどうなっているか，考えてみること。

・四字熟語は二字熟語が２つ組み合わされたものが大部分なので，「□□」「□□」に分けて意味をまず考える。

解き方

　「南船北馬」を２つに分けると，「南船」と「北馬」に分かれる。つまり，「南では船」「北では馬」ということなので，船と馬を使って旅をすることと推察はつく。

参　考

　中国の南部は川や湖が多いので船に乗り，北部は山や平原が多いので馬に乗りました。

解答　E

次のことわざ・慣用句の意味に最も合致しているものはどれか。

「雨後のたけのこ」

A　身長がどんどん伸びること。

B　悪い事の後には良い事が起きること。

C　物事が次々と続いて現れること。

D　前ぶれもなく大事件が発生すること。

E　農産物がたくさんとれることのたとえ。

・どんなときに使うかを考えてみる。

・Ａ〜Ｅを比較・検討して，確実に消せるものを除き，残ったものについて再度，比較・検討してみる。

解答　C

練習問題　四字熟語，ことわざ・慣用句①

1. はじめに示された二語の関係を考え，これと同じ関係になるような語句を選びなさい。

意味

無我夢中……物事に熱中するあまり，我を忘れてしまうこと。

青天白日……心にやましいことがないこと。

理路整然……話などの筋道がきちんと整っていること。

同工異曲……少しは違っては見えても中味は同じこと。

うそも方便……ときにはうそをつく必要があるということ。

医者の不養生……他人に立派なことを言いながら，自分は実行しないこと。

石の上にも三年……辛抱すればいつかは報われるということ。

死人に口なし……死んだ人は言い訳などができないこと。

① 無我：夢中——言語：〔　　　〕
A 同断　　　B 断行　　　C 一行
D 道断　　　E 実行

② 青天：白日——意味：〔　　　〕
A 慎重　　　B 不明　　　C 深長
D 不迷　　　E 言外

③ 理路：整然——独断：〔　　　〕
A 独尊　　　B 占有　　　C 決行
D 先行　　　E 専行

④ 同工：異曲——厚顔：〔　　　〕
A 無恥　　　B 無知　　　C 無象
D 水明　　　E 不滅

⑤ うそ：方便——爪：〔　　　〕
A 油　　　　B 情け　　　C 目
D 火　　　　E 仏

⑥ 医者：不養生——紺屋：〔　　　〕
A 石橋　　　B 上手　　　C 羊頭
D 白袴　　　E 礼節

⑦ 石の上：三年——魚心：〔　　　〕
A 水心　　　B 仏心　　　C 七光り
D 里心　　　E 糸目

⑧ 死人：口なし——敵：〔　　　〕
A 善光寺　　B 泰山　　　C 本能寺
D 大徳寺　　E 両雄

2. はじめに示された四字熟語の意味を最も的確に表しているもの
を選びなさい。

ミニ知識

① 「呉越同舟」

A すぐれた者とつまらない者が一緒に働くこと。

B 意見の異なる人が手を組むこと。

C 仲の悪い者同士がたまたま同じ場所にいること。

D 時流にこびへつらうこと。

E 仲の悪い者同士が仲直りをすること。

「呉越同舟」は中国の春秋時代，呉と越の両国がしばしば戦いを行っていたことを踏まえた語。

② 「有為転変」

A 世の中の物事が常に変化してやまないこと。

B 物事がなかなか決断できないこと。

C こみいった事情があってすんなりいかないこと。

D 自然のままになりゆきをまかせること。

E 生命のあるものは必ず死ぬ運命にあること。

「有為」とは，いろいろの因縁によって生じる現実の現象のこと。
「有為転変」の類語として「諸行無常」がある。

③ 「針小棒大」

A たいそう広くて大きくて，果てしのないこと。

B あることを成し遂げようと固く決心すること。

C 言うことにとりとめがないこと。

D 物事を誇張して大げさに言うこと。

E なまかじりで，十分理解していないこと。

「針小棒大」の類語として「大言壮語」がある。

④ 「五里霧中」

A 多人数を繰り出して物事に対処すること。

B 見通しも方針もまったく立たないこと。

C 非常に心細いことのたとえ。

D いろいろさぐりながらやってみること。

E まったく区別がつかないさまのこと。

「五里夢中」と書くのは誤り。「五里霧中」は，「五里霧」の道術により五里四方に霧を起こしたという故事によるものである。

解答・解説　四字熟語，ことわざ・慣用句①

1. ①D　②C　③E　④A　⑤D　⑥D　⑦A　⑧C

　解説　⑤爪に火をともす　⑥紺屋の白袴　⑦魚心あれば水心　⑧敵は本能寺にあり

2. ①C　②A　③D　④B

1. はじめに示された二語の関係を考え，これと同じ関係になるような語句を選びなさい。

意味

我田引水……自分の利益になるように，言ったり，行動すること。

日進月歩……月日の経過とともに，めざましく着実に進歩すること。

以心伝心……言葉で言わなくても，互いの気持ちが通じ合うこと。

千変万化……いろいろ，さまざまに変化すること。

河童の川流れ……名人でもたまには失敗することもあるということ。

鬼の目にも涙……鬼のような人でもときにはあわれみの心をおぼえること。

釈迦に説法……よく知り尽くしている人に対して，ものを教えようという愚かさ。

破鍋にとじ蓋……どんな人にもそれぞれぴったり合う相手があるということ。

① 我田：引水──暗中：〔　　　〕
　A　風発　　　　B　千金　　　　C　千里
　D　模策　　　　E　模索

② 日進：月歩──疑心：〔　　　〕
　A　暗鬼　　　　B　妄想　　　　C　暗危
　D　済民　　　　E　鳴動

③ 以心：伝心──明鏡：〔　　　〕
　A　流水　　　　B　止水　　　　C　水明
　D　夢死　　　　E　壮大

④ 千変：万化──四面：〔　　　〕
　A　非道　　　　B　獣心　　　　C　楚歌
　D　疎歌　　　　E　専心

⑤ 河童：川流れ──李下：〔　　　〕
　A　梅　　　　　B　もち　　　　C　冠
　D　帽子　　　　E　瓜田

⑥ 鬼の目：涙──青菜：〔　　　〕
　A　塩　　　　　B　水　　　　　C　目薬
　D　水魚　　　　E　焼け石

⑦ 釈迦：説法──沈黙：〔　　　〕
　A　金　　　　　B　銀　　　　　C　銅
　D　ダイヤモンド　　　　E　ルビー

⑧ 破鍋：とじ蓋──他山：〔　　　〕
　A　土　　　　　B　迷宮　　　　C　矢
　D　石　　　　　E　口

2. はじめに示されたことわざ・慣用句の意味に最も合致しているものはどれか。

ミニ知識

① 「掃き溜めに鶴」

    A　隠していた本性がばれること。

    B　その場を適当にごまかすこと。

    C　その場にふさわしくない，すぐれたものがあること。

    D　他人のものを欲しがること。

    E　もと立派だった人はおちぶれてもどこか値打ちがあること。

> 「掃き溜めに鶴」の類語に「鶏群の一鶴」がある。「たくさんの鶏の中に一羽の鶴がいる」というものである。

② 「二階から目薬」

    A　言いたいことがどうしても言えないこと。

    B　自分の能力以上のことをするということ。

    C　効果があらわれるのに時間がかかること。

    D　直接，効果のないこと。

    E　しっかり目標を定めること。

> 「二階から目薬」の同義語として「天井から目薬」がある。類語として，「遠火で手をあぶる」がある。

③ 「ごまめの歯ぎしり」

    A　落ち着いていられない状態になること。

    B　他人におせじを言うこと。

    C　勝負に負けて怒ること。

    D　自分の実力ではとてもおよばないこと。

    E　実力のない者がいきりたって，くやしがること。

> 「ごまめ」とは「干したかたくちいわし」のこと。「歯ぎしり」とは，歯をすり合わせて音をたてること。

④ 「蛇の道は蛇」

    A　人間はそれぞれ好みなどが違うこと。

    B　その仲間の者にはすぐわかること。

    C　相手がしかけたわなにはまること。

    D　人の力ではどうすることもできないこと。

    E　とてもかなわないとわかって降参すること。

> 「蛇の道は蛇」の類語は「商売は道によって賢し」。

解答・解説　四字熟語, ことわざ・慣用句②

1. ① E　　② A　　③ B　　④ C　　⑤ C　　⑥ A　　⑦ A　　⑧ D

  解説　⑤李下に冠を正さず　⑥青菜に塩　⑦沈黙は金，雄弁は銀　⑧他山の石

2. ① C　　② D　　③ E　　④ B

1. はじめに示された二語の関係を考え, これと同じ関係になるような語句を選びなさい。

① 二束 : 三文 —— 前代 : 〔　　〕
   A 未聞　　　　B 未門　　　　C 未到
   D 未問　　　　E 未完

② 千差 : 万別 —— 晴耕 : 〔　　〕
   A 同穴　　　　B 争鳴　　　　C 雨読
   D 暮雨　　　　E 烈日

③ 国士 : 無双 —— 門外 : 〔　　〕
   A 不落　　　　B 不穏　　　　C 不覚
   D 不出　　　　E 不随

④ 起死 : 回生 —— 有名 : 〔　　〕
   A 無粋　　　　B 無頼　　　　C 無実
   D 無為　　　　E 無冠

⑤ 馬の耳 : 念仏 —— 犬 : 〔　　〕
   A 橋　　　　　B 木　　　　　C 豆腐
   D 棒　　　　　E 鷹

⑥ 前門の虎 : 後門の狼 —— えび : 〔　　〕
   A 鰯　　　　　B 鯛　　　　　C 鮪
   D 鮹　　　　　E 鯉

⑦ 泣き面 : 蜂 —— 虎の威 : 〔　　〕
   A 馬　　　　　B 狐　　　　　C 雀
   D 狸　　　　　E 河童

⑧ 豚 : 真珠 —— 衣食 : 〔　　〕
   A 灯火　　　　B 山河　　　　C 馬脚
   D 礼節　　　　E 君子

2. はじめに示された意味に合致する四字熟語を選びなさい。

① 「前ぶれの騒ぎだけが大きいこと」
　　A　急転直下　　B　離合集散　　C　大山鳴動
　　D　行雲流水　　E　天地神明

② 「すばやく現れたり隠れたりすること」
　　A　面目一新　　B　神出鬼没　　C　秋霜烈日
　　D　前後不覚　　E　白砂青松

③ 「法律などがすぐに改められること」
　　A　朝令暮改　　B　朝三暮四　　C　適材適所
　　D　事実無根　　E　疾風迅雷

④ 「多くの人が口をそろえて同じことを言うこと」
　　A　空理空論　　B　悪口雑言　　C　異口同音
　　D　喜色満面　　E　二律背反

⑤ 「ほとほと困り果てること」
　　A　三寒四温　　B　一触即発　　C　難行苦行
　　D　青息吐息　　E　空中分解

⑥ 「悪者の一味を残らず捕らえてしまうこと」
　　A　一網打尽　　B　一念発起　　C　勧善懲悪
　　D　面目躍如　　E　大願成就

意味

離合集散……離れてちりぢりになったり，集まったりすること。

白砂青松……海岸の美しい景色のこと。

適材適所……その人の才能や技能に適した仕事や任務にその人をつけること。

二律背反……ある2つの命題が相互に対立・矛盾すること。

三寒四温……3日間ほど寒い日が続き，次の4日間ほど暖かくなり，これが繰り返される現象のこと。

大願成就……大きな願いがとげられること。

解答・解説　四字熟語, ことわざ・慣用句③

1. ①A　②C　③D　④C　⑤D　⑥B　⑦B　⑧D
　　解説　⑤犬も歩けば棒に当たる　⑥えびで鯛を釣る　⑦虎の威をかる狐　⑧衣食足りて礼節を知る
2. ①C　②B　③A　④C　⑤D　⑥A

1. はじめに示された二語の関係を考え，これと同じ関係になるような語句を選びなさい。

意味

悪事千里……悪い行為や評判はすぐに広範囲に知れ渡るということ。

弱肉強食……弱いものが強いものによって滅ぼされること。

金科玉条……かけがえのない重要な法律や規則のこと。

快刀乱麻……めんどうな事件などをてきぱきと処理していくこと。

鳩が豆鉄砲を食ったよう……思いがけないことに驚いてきょとんとしているようすのこと。

柳に雪折れ無し…やわらかくてしなやかなものはかたくて強いものよりも試練にたえることができるということ。

亀の甲より年の劫……年をとって経験を積んだ人の知恵は尊いということ。

団栗の背競べ……ぬきんでてすぐれたものがないこと。

① 悪事：千里——自画：〔　　〕
　A　自算　　　B　自壊　　　C　自賛
　D　自参　　　E　自衛

② 弱肉：強食——旧態：〔　　〕
　A　一体　　　B　以遠　　　C　以前
　D　依存　　　E　依然

③ 金科：玉条——因果：〔　　〕
　A　騒然　　　B　貫徹　　　C　消沈
　D　応報　　　E　無想

④ 快刀：乱麻——前途：〔　　〕
　A　多難　　　B　必衰　　　C　生存
　D　来復　　　E　薄弱

⑤ 鳩：豆鉄砲——人間：〔　　〕
　A　青山　　　B　百聞　　　C　良薬
　D　横好き　　E　青天

⑥ 柳：雪折れ——三人：〔　　〕
　A　真綿　　　　B　方円の器　　C　海路
　D　文殊の知恵　E　禍の門

⑦ 亀の甲：年の劫——無理：〔　　〕
　A　坊主　　　B　道理　　　C　氏神
　D　盆　　　　E　閑古鳥

⑧ 団栗：背競べ——帯：〔　　〕
　A　ゆかた　　B　大木　　　C　うわさ
　D　楽屋　　　E　たすき

2. はじめに示された意味に合致することわざ・慣用句を選びなさい。

① 「苦労もしないで大儲けすること」

    A　濡れ手で粟　　　　　B　木に竹を接ぐ

    C　果報は寝て待て　　　D　火中の栗を拾う

    E　覆水盆に返らず

意味
木に竹を接ぐ……不自然で筋が通らないこと。

② 「月日の経つのがきわめて早いこと」

    A　百年河清を俟つ　　　B　柳に風と受け流す

    C　流れに棹さす　　　　D　栴檀は双葉より芳し

    E　光陰矢のごとし

流れに棹さす……物事が思い通りに運ぶこと。

③ 「手まわしがよすぎて，間が抜けていること」

    A　灯台もと暗し　　　　B　仏作って魂入れず

    C　暮れぬ先の提灯　　　D　角を矯めて牛を殺す

    E　鬼の居ぬ間に洗濯

灯台もと暗し……身近なことは案外わからないものだということ。

④ 「めんどうなことには関係しないほうがよいということ」

    A　急がば回れ　　　　　B　去る者は日々に疎し

    C　対岸の火事　　　　　D　瓜田に履を納れず

    E　触らぬ神にたたりなし

去る者は日々に疎し……親しかった人でも遠く離れてしまうと，しだいに疎遠になるということ。

⑤ 「方法などが見当違いだと，とうてい成功する見込みがないということ」

    A　鹿を逐う者は山を見ず

    B　木に縁りて魚を求む

    C　水清ければ魚棲まず

    D　君子危うきに近寄らず

    E　虎穴に入らずんば虎子を得ず

虎穴に入らずんば虎子を得ず……大きな危険をおかさなければ，大きな利益や成果はあげられないということ。

解答・解説　**四字熟語，ことわざ・慣用句④**

1.　①C　②E　③D　④A　⑤A　⑥D　⑦B　⑧E
  解説　⑤人間到る処，青山あり　⑥三人寄れば文殊の知恵　⑦無理が通れば道理が引っ込む　⑧帯に短したすきに長し

2.　①A　②E　③C　④E　⑤B

四字熟語

☐ 花鳥風月	かちょうふうげつ	
☐ 南船北馬	なんせんほくば	
☐ 無我夢中	むがむちゅう	
☐ 言語道断	ごんごどうだん	
☐ 青天白日	せいてんはくじつ	
☐ 意味深長	いみしんちょう	
☐ 理路整然	りろせいぜん	
☐ 独断専行	どくだんせんこう	
☐ 同工異曲	どうこういきょく	
☐ 厚顔無恥	こうがんむち	
☐ 呉越同舟	ごえつどうしゅう	
☐ 有為転変	ういてんぺん	
☐ 針小棒大	しんしょうぼうだい	
☐ 五里霧中	ごりむちゅう	
☐ 我田引水	がでんいんすい	
☐ 暗中模索	あんちゅうもさく	
☐ 日進月歩	にっしんげっぽ	
☐ 疑心暗鬼	ぎしんあんき	
☐ 以心伝心	いしんでんしん	
☐ 明鏡止水	めいきょうしすい	
☐ 千変万化	せんぺんばんか	
☐ 四面楚歌	しめんそか	
☐ 二束三文	にそくさんもん	
☐ 前代未聞	ぜんだいみもん	
☐ 千差万別	せんさばんべつ	
☐ 晴耕雨読	せいこううどく	
☐ 国士無双	こくしむそう	
☐ 門外不出	もんがいふしゅつ	
☐ 起死回生	きしかいせい	

☐ 有名無実	ゆうめいむじつ
☐ 急転直下	きゅうてんちょっか
☐ 離合集散	りごうしゅうさん
☐ 大山鳴動	たいざんめいどう
☐ 行雲流水	こううんりゅうすい
☐ 天地神明	てんちしんめい
☐ 面目一新	めんもくいっしん
☐ 神出鬼没	しんしゅつきぼつ
☐ 秋霜烈日	しゅうそうれつじつ
☐ 前後不覚	ぜんごふかく
☐ 白砂青松	はくしゃせいしょう
☐ 朝令暮改	ちょうれいぼかい
☐ 朝三暮四	ちょうさんぼし
☐ 適材適所	てきざいてきしょ
☐ 事実無根	じじつむこん
☐ 疾風迅雷	しっぷうじんらい
☐ 空理空論	くうりくうろん
☐ 悪口雑言	あっこうぞうごん
☐ 異口同音	いくどうおん
☐ 喜色満面	きしょくまんめん
☐ 二律背反	にりつはいはん
☐ 三寒四温	さんかんしおん
☐ 一触即発	いっしょくそくはつ
☐ 難行苦行	なんぎょうくぎょう
☐ 青息吐息	あおいきといき
☐ 空中分解	くうちゅうぶんかい
☐ 一網打尽	いちもうだじん
☐ 一念発起	いちねんほっき
☐ 勧善懲悪	かんぜんちょうあく

☐ 面目躍如	めんもくやくじょ		☐ 知行合一	ちこうごういつ
☐ 大願成就	たいがんじょうじゅ		☐ 一部始終	いちぶしじゅう
☐ 悪事千里	あくじせんり		☐ 頑固一徹	がんこいってつ
☐ 自画自賛	じがじさん		☐ 才色兼備	さいしょくけんび
☐ 弱肉強食	じゃくにくきょうしょく		☐ 波乱万丈	はらんばんじょう
☐ 旧態依然	きゅうたいいぜん		☐ 大胆不敵	だいたんふてき
☐ 金科玉条	きんかぎょくじょう		☐ 森羅万象	しんらばんしょう
☐ 因果応報	いんがおうほう		☐ 十人十色	じゅうにんといろ
☐ 快刀乱麻	かいとうらんま		☐ 不老長寿	ふろうちょうじゅ
☐ 前途多難	ぜんとたなん		☐ 美辞麗句	びじれいく
☐ 順風満帆	じゅんぷうまんぱん		☐ 単刀直入	たんとうちょくにゅう
☐ 合従連衡	がっしょうれんこう		☐ 主客転倒	しゅかくてんとう
☐ 時期尚早	じきしょうそう		☐ 千載一遇	せんざいいちぐう
☐ 危機一髪	ききいっぱつ		☐ 暴飲暴食	ぼういんぼうしょく
☐ 興味津津	きょうみしんしん		☐ 複雑怪奇	ふくざつかいき
☐ 薄利多売	はくりたばい		☐ 深山幽谷	しんざんゆうこく
☐ 意気投合	いきとうごう		☐ 勇猛果敢	ゆうもうかかん
☐ 豊年満作	ほうねんまんさく		☐ 意気揚揚	いきようよう
☐ 半信半疑	はんしんはんぎ		☐ 門戸開放	もんこかいほう
☐ 全身全霊	ぜんしんぜんれい		☐ 同床異夢	どうしょういむ
☐ 冠婚葬祭	かんこんそうさい		☐ 百家争鳴	ひゃっかそうめい
☐ 老若男女	ろうにゃくなんにょ		☐ 和洋折衷	わようせっちゅう
☐ 馬耳東風	ばじとうふう		☐ 徒手空拳	としゅくうけん
☐ 玉石混交	ぎょくせきこんこう		☐ 虚虚実実	きょきょじつじつ
☐ 海千山千	うみせんやません		☐ 縦横無尽	じゅうおうむじん
☐ 取捨選択	しゅしゃせんたく		☐ 清廉潔白	せいれんけっぱく
☐ 大義名分	たいぎめいぶん		☐ 試行錯誤	しこうさくご
☐ 好機到来	こうきとうらい		☐ 羊頭狗肉	ようとうくにく
☐ 公平無私	こうへいむし		☐ 博覧強記	はくらんきょうき
☐ 五臓六腑	ごぞうろっぷ		☐ 電光石火	でんこうせっか
☐ 質実剛健	しつじつごうけん		☐ 油断大敵	ゆだんたいてき

ことわざ・慣用句①

- [ ] 提灯に釣鐘……まったく釣り合わないこと。
- [ ] 渡りに船……ある事をしようと思っているときに，ちょうど都合のよいことに出合うこと。
- [ ] 爪に火をともす……ひどくけちなことのたとえ。
- [ ] 紺屋の白袴……その道の専門家でありながら，人のことで忙しくて，自分自身についてはかまう暇がないこと。
- [ ] 魚心あれば水心……相手の出方でこちらの対応も異なること。
- [ ] 敵は本能寺にあり……本当の目的はまったく別の所にあること。
- [ ] 李下に冠を正さず……疑われるような行為はすべきではないということ。
- [ ] 青菜に塩……うちひしがれて，うなだれていること。
- [ ] 沈黙は金，雄弁は銀……沈黙は雄弁よりはるかにまさるということ。
- [ ] 他山の石……他の事柄を参考にして自分に役立てること。
- [ ] 犬も歩けば棒に当たる……何でもやっていれば，思わぬ幸運にめぐり合うかもしれないということ。
- [ ] えびで鯛を釣る……わずかな元手で大きな利益を得ること。
- [ ] 虎の威を借る狐……力のない者が実力者の威勢を借りていばること。
- [ ] 衣食足りて礼節を知る……生活にゆとりができて，はじめて人は礼儀正しさや節度ある行動をわきまえるようになるということ。
- [ ] 人間到る処青山あり……故郷ばかりが骨をうずめる所ではないこと。
- [ ] 三人寄れば文殊の知恵……3人も集まって相談すれば，必ず打開策が浮かんでくるものだということ。
- [ ] 無理が通れば道理が引っ込む……道理にはずれたことが通用するようになると，道理に合ったことは行われなくなるということ。
- [ ] 帯に短したすきに長し……何に使うにしても中途半端で，役に立たないこと。
- [ ] 果報は寝て待て……あせらずに待てば，幸運はいつか必ずやってくるものだということ。
- [ ] 火中の栗を拾う……他人のためにあえて危険なことをすること。
- [ ] 覆水盆に返らず……一度失敗したことはとり返しがつかないこと。
- [ ] 百年河清を俟つ……実現の見込みがないことをいつまでも待つこと。

- [ ] 柳に風と受け流す……相手にさからわないで，上手に受け流すこと。
- [ ] 栴檀は双葉より芳し……大成する人は幼いときからずば抜けてすぐれたところがあるということ。
- [ ] 仏作って魂入れず……一応できあがってはいるものの，最も肝心な点がおろそかにされていること。
- [ ] 角を矯めて牛を殺す……欠点などを直そうとして，全体をだめにしてしまうこと。
- [ ] 鬼の居ぬ間に洗濯……自分にとってこわい人や気がねする人がいない間に，のびのびとくつろぐこと。
- [ ] 急がば回れ……物事をするとき，多少時間がかかっても確実な方法をとった方が結局は早いということ。
- [ ] 対岸の火事……自分にとってはまったく影響がなく，痛くもかゆくもない出来事のこと。
- [ ] 瓜田に履を納れず……人に疑われるようなことはするなということ。
- [ ] 鹿を逐う者は山を見ず……1つのことに集中している者はほかのことを顧みないということ。
- [ ] 水清ければ魚棲まず……考え方などがあまりに潔白すぎると，だれも寄りつかないということ。
- [ ] 君子危うきに近寄らず……教養があり徳の高い人は自分を大事にするから，危険なことには決して近づかないということ。
- [ ] 虎穴に入らずんば虎子を得ず……大きな危険をおかさなければ，大きな利益や成果はあげられないということ。
- [ ] 口は禍の門……話をするときには言葉に気をつけないと，思わぬ災難を招くことがあるので，言葉をつつしめということ。
- [ ] 情は人の為ならず……人に情けをかけておけば，いずれめぐりめぐって自分のためになるということ。
- [ ] 生き馬の目を抜く……他人を出し抜いて，すばしこく利益を得ること。
- [ ] 鰯の頭も信心から……鰯の頭のようにつまらないものでも，それを信仰する人には非常にありがたく思えること。
- [ ] 人間万事塞翁が馬……人生，思いがけないことが幸福を招いたり，あるいは反対に不幸につながったりするもので，だれにも予測がつかないということ。

ことわざ・慣用句②

- □ 青天の霹靂（へきれき）……思いがけなく起こる突然の大事件のこと。
- □ 弘法にも筆の誤り……どんなに技芸にすぐれた人でも，たまには失敗することがあるということ。
- □ 船頭多くして船山に上る……指揮する人が何人もいると統一がとれず，物事がうまく運ばないということ。
- □ 真綿で首を絞める……時間をかけて少しずつ苦しめること。
- □ とぐろを巻く……特に用もないのにたむろしていること。
- □ 鶏口（けいこう）となるも牛後（ぎゅうご）となるなかれ……大きな組織の末端にいるよりは，小さな組織でもいいからその長になったほうがよいということ。
- □ 麒麟（きりん）も老いては駑馬に劣る……どんなにすぐれた人でも年をとると，その能力が衰え，ふつうの人にもおよばなくなるということ。
- □ 異彩を放つ……ひときわ際立つこと。
- □ 往生際が悪い……あきらめが悪いこと。
- □ 腐っても鯛……よいものはどんなに悪くなっても，あるいは落ちぶれても，それだけの価値は失わないということ。
- □ 月とすっぽん……両方とも形は丸いが，実はまったく違うもので，その差ははなはだしいこと。
- □ さじを投げる……尽くすべき方法がなく，あきらめること。
- □ 馬子（まご）にも衣装……きれいに着飾れば，だれでもりっぱに見えるということ。
- □ 光陰矢のごとし……月日が非常に早く過ぎ去ること。
- □ 弱り目にたたり目……不運の上に不運が重なること。
- □ 群盲象をなづ……凡人が大人物などを批評しても，その一面に触れるだけで，全体を見渡すことはできないということ。
- □ 雲泥の差……はなはだしい隔たりのこと。
- □ 味噌をつける……失敗して面目を失うこと。
- □ 寄らば大樹の陰……どうせ頼るなら，大きくて力のあるものに頼ったほうが安心できるし，なにかと得ということ。
- □ 羊頭を掲げて狗肉（くにく）を売る……見せかけのものと実際とが違うこと。
- □ 門前市（いち）を成す……大勢の人がおとずれてにぎわうこと。

□ 烙印を押される……消すことができない汚名を受けること。

□ 馬脚をあらわす……隠していた正体がばれてしまうこと。

□ 水は方円の器にしたがう……人は友人や環境によってよくも悪くもなるということ。

□ 木で鼻をくくる……きわめて愛想がないさまのこと。

□ 血道をあげる……すっかり夢中になること。

□ 寝耳に水……あまりに出し抜けの出来事に，非常に驚くこと。

□ 能ある鷹は爪を隠す……真にすぐれた才能を持っている人は，日頃はその才能をむやみにひけらかすようなまねはしないということ。

□ 後は野となれ山となれ……目前の問題さえかたづいてしまえば，以後はどうなろうと知ったことではないということ。

□ 元のさやに収まる……絶縁した者と元の関係に戻ること。

□ 相好を崩す……心からうれしくてにこにこすること。

□ 笑う門には福来たる……いつも楽しそうな笑い声が絶えない家には，自然と幸福がやってくること。

□ 下手の横好き……下手なくせに，ある事がむやみやたらに好きで熱中すること。

□ かまをかける……うまく誘いをかけて，はずみで本当のことを言わせること。

□ 帳尻を合わせる……最終的につじつまが合うようにすること。

□ 画竜点睛を欠く……最後の大事な仕上げが不十分だったために，全体が引き立たなかったりすること。

□ 鳶が鷹を生む……平凡な親から優秀な子どもが生まれること。

□ 俎板の鯉……相手のなすがままに任せるより仕方のない状態のこと。

□ 山椒は小粒でもぴりりと辛い……からだは小さくても，すぐれた才能があったり，機敏であったりして，決してあなどることのできない存在のこと。

□ 矢も盾もたまらず……じっと我慢していることができないこと。

□ 因果を含める……よくよく言いきかせること。

□ 奇をてらう……変わったことをして目立つこと。

□ 身も蓋もない……あまりに露骨でおもむきがないこと。

□ 横車を押す……自分の考えを強引に押し通すこと。

□ 羽目を外す……調子にのって度をこすこと。

6 敬　語

・・・・・・ 例 題 1 ・・・・・・

敬語には，尊敬語，謙譲語，丁寧語の３種類があるが，A～Eの下線部が謙譲語であるものはどれか。

A　部長が<u>お</u>出かけ<u>になる</u>。
B　私が<u>ご</u>説明<u>いたします</u>。
C　今日，母は自宅に<u>います</u>。
D　皆様が<u>ご</u>出発<u>なさる</u>。
E　恩師が自伝を書か<u>れる</u>。

・尊敬語は相手を高める表現。
・謙譲語は自分を低めることで，自動的に相手を高める表現。
・丁寧語は話し手の丁寧な気持ちを表す言葉。

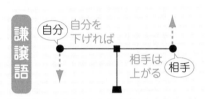

確認

　尊敬語とは，話し手が相手に対して敬意を表す言葉です。
　謙譲語とは，話し手が自分の動作などをへりくだることにより，相手への敬意を表す言葉です。

注意

　現在，敬語は「尊敬語」「謙譲語Ⅰ」「謙譲語Ⅱ(丁重語)」「丁寧語」「美化語」の５つに分かれています。ただ，受検対策としては，「尊敬語」「謙譲語」「丁寧語」の３つをマスターしておけばよいと考えます。

解き方

● 尊敬語の一般的な表現の型
　「お（ご）……になる（なさる）」型
　　　部長が<u>お</u>出かけ<u>になる</u>。
　　　皆様が<u>ご</u>出発<u>なさる</u>。
　「れる・られる」型
　　　恩師が自伝を書か<u>れる</u>。
　　　知事が研究所に来ら<u>れる</u>。
● 謙譲語の一般的な表現の型
　「お（ご）……する（いたす）」型
　　　皆様を家に<u>お</u>招き<u>する</u>。
　　　私が<u>ご</u>説明<u>いたします</u>。
● 丁寧語の表現の型
　「です（ます）」型
　　　これは私のマンション<u>です</u>。
　　　明日，会社に行き<u>ます</u>。

解答　B

次の言葉の関係と同じ関係になるものをA～Eから選びなさい。

「食べる──召し上がる」

A　行く──参る　　　B　する──なさる　　　C　見る──拝見する

D　言う──申す　　　E　思う──存じる

・尊敬・謙譲を表す 特別な動詞 がある。

・特別な動詞は　丸覚えしておく。

召し上がる　いただく

解き方

「尊敬」「謙譲」を表す特別な動詞は次の通りである。数は少ないので，すべて覚えておくとよい。

普通の表現	尊敬語	謙譲語
言う	おっしゃる	申す 申し上げる
行く	いらっしゃる	参る うかがう
来る	いらっしゃる	参る
する	なさる あそばす	いたす
いる	いらっしゃる	おる
聞く	（お聞きになる）	うかがう うけたまわる
食べる	召し上がる	いただく
くれる （与える）	くださる	あげる さしあげる
見る	（ごらんになる）	拝見する
思う	（お思いになる） おぼしめす	存じる
会う	（お会いになる）	お目にかかる

解答　B

参考

敬語の問題を解くときのコツ

・最初に動作をする人がだれかを考えましょう。

目上の人

自分

自分側

・動作主が自分以外，特に目上の人である場合，尊敬語を使います。
・動作主が自分や自分側の人間である場合，謙譲語を使います。

練習問題 敬語

アシスト

「お」「ご」の接頭語をつけた場合，それが尊敬語になるときと，丁寧語になるときとがある。
たとえば，「ご本」「お宅」「お父さん」「お母さん」は尊敬語である。
「おべんとう」「おはし」「ご飯」「おしゃべり」は丁寧語である。
また，「様」「上」などの接尾語をつけると尊敬語になる。「父上」「母上」「父上様」「母上様」「尊父」。
名詞に「愚」「粗」「小」などの接頭語をつけると謙譲語になる。「愚弟」「粗品」「小生」

アシスト

この場合，「母」と「社長」は自分側となる。

1. 次のうち，尊敬語でないものはどれか。
   A 父上 　　 B 粗品 　　 C ご本
   D お宅 　　 E 奥様

2. 次のうち，謙譲語でないものはどれか。
   A 愚弟 　　 B 家内 　　 C 母
   D お子様 　 E 小生

3. 次のうち，丁寧語でないものはどれか。
   A おべんとう B おはし 　 C ご飯
   D 尊父 　　　 E おしゃべり

4. 次の言葉の関係と同じ関係にあるものはどれか。
   「聞く――うけたまわる」
   A 来る――いらっしゃる
   B する――あそばす
   C 見る――ごらんになる
   D 言う――おっしゃる
   E 会う――お目にかかる

5. 次の各文のうち，敬語の使い方が誤っているものはどれか。
   ア 母はただ今，お出かけしています。
   イ あなたのおっしゃるとおりです。
   ウ 社長は午後3時におもどりになります。
   A アだけが誤り 　　 B イだけが誤り
   C ウだけが誤り 　　 D アとイが誤り
   E アとウが誤り

6. 次のうち，尊敬語でないものはどれか。
   A ご両親 　　 B 拝見 　　 C おじ様
   D 貴兄 　　　 E 令息

7. 次のうち，謙譲語でないものはどれか。

    A　弊社　　　　B　拙者　　　　C　わたくし

    D　拝借　　　　E　芳名

8. 次の言葉の関係と同じ関係にあるものはどれか。

    「する―いたす」

    A　行く―――うかがう

    B　会う―――お会いになる

    C　思う―――おぼしめす

    D　いる―――いらっしゃる

    E　与える―――くださる

コーチ

何度も繰り返し練習して，丸覚えしておこう。

9. 次の各文のうち，敬語の使い方が誤っているものはどれか。

    ア　先生が明日参るとのことです。

    イ　お客様からケーキをちょうだいする。

    ウ　市長がお目にかかるとのことです。

    A　アだけが誤り　　　　B　イだけが誤り

    C　ウだけが誤り　　　　D　アとイが誤り

    E　アとウが誤り

コーチ

主語がだれかをしっかりつかんでおこう。

10. 次の敬語表現で，謙譲語が正しく使われているのはどれか。

    ア　どちらへいらっしゃるのですか。

    イ　おいでくださる日を楽しみにしております。

    ウ　くわしく説明していただいた。

    A　アだけ　　　　B　イだけ　　　　C　ウだけ

    D　アとイだけ　　　E　イとウだけ

アシスト

　「いらっしゃる」「くださる」「いただく」は特別な動詞である。

　なお，「おいでくださる」は「くださる」が複合動詞になったもの。

解答　敬語

1. B　　**2.** D　　**3.** D　　**4.** E　　**5.** E

6. B　　**7.** E　　**8.** A　　**9.** E　　**10.** C

7 文の並べかえ

例題 ①

次の文中の空欄［1］〜［5］に，意味が通るようにA〜Eの語句を入れたとき，空欄［3］にあてはまるものはどれか。

　政府の20××年版の「観光白書」によると，［1］［2］［3］［4］［5］中国はその額の半額以下であった。

- A　中国人が日用品や衣料品を
- B　ひとり当たりの宿泊料金はオーストラリアがトップで
- C　2位のベトナムを大きく引き離しており
- D　一度に大量購入する爆買い現象が裏付けられた形だが
- E　ひとり当たりの買い物額は中国が断然トップで

- 2回以上出てくる，いわゆる<u>キーワード</u>に着目する。上文では，「中国人」「中国」がキーワードである。
- <u>関連用語</u>に着目し，その前後関係を検討する。上文では，Aの「日用品」「衣料品」，Dの「爆買い」，Eの「ひとり当たりの買い物額」に着目する。

アドバイス

　問題作成者は問題をつくるとき，"どこかに注目すれば，解法への手がかりを見つけられる"ようにしている。逆にいえば，そうでなくては，良問とはいえません。

　よって，まずはキーワードに注目してみましょう。

解き方

　このタイプの問題の場合，［5］が比較的わかりやすい。［5］の後ろは「中国はその額の半額以下であった」と続くので，［5］には中国以外の国が入ると推察がつく。それで，［5］にBをあてはめると，うまく後ろに続くことになる。よって，［1］［2］［3］［4］には，A，C，D，Eのいずれかが入ることになる。

　ここで再度，Bに着目する。Bは「ひとり当たりの宿泊料金は……」となっているので，これと並立すると考えると，Eの「<u>ひとり当たりの買い物額は中国が断然トップ</u>」が［1］に入ると推察できる。

　残るはA，C，Dの3つ。よって，「A－C－D」「A－D－C」「C－A－D」「C－D－A」「D－A－C」「D－C－A」の6つの組み合わせについて検討すると，Eに続くのは「C－A－D」であると容易にわかる。以上より，「E－C－A－D－B」となる。

解答　A

次のア～カの文を正しい順番に並べたとき，アの次にくるものはどれか。

ア　暗記はちょうど胃袋に食べない前の状態の食物がそのままの状態で入っているようなものです。

イ　真の読書は，読んだ内容を読者の精神の骨肉と化すことです。

ウ　読んだ言葉をそのまま覚えている丸暗記は，学校の試験等では極めて有効であり，いわば承認されていることもあり，正しい理解のように考えられがちですが，消化のアナロジー（類推）で理解を考えるならば，丸暗記は理解とはまったく違ったものであることが分かります。

エ　そうでなくては，本を読んで人間の精神が成長することも説明できなくなるでしょう。

オ　読む作業は，そういった消極的，没変化的な活動ではなく，もっと能動的で，ときには創造的ですらある営みであることを認めるべきでしょう。

カ　知識を得るだけが読書のすべてではありません。

A　イ　　　　　　　B　ウ　　　　　　　C　エ

D　オ　　　　　　　E　カ

Point

・文頭に何がくるかを考えてみる。
　その際に，注目することは「指示語」。
　「指示語」を含む文は文頭にはこない。

・「接続詞」を含む文も文頭にはこない。

注目　　**指示語**

エの「そうでなくては」，オの「そういった消極的……」から，エとオは文頭にこないと判断できる。

次に，イの内容は結論にあたる部分と考えられるので，イも文頭にはこない。カの内容も文頭としてはふさわしくない。したがって，文頭にはアかウがくると考えられる。

アとウの内容を検討すると，ウの「消化のアナロジー」とアの「胃袋」から，「ウ－ア」と続くと考えられる。

アの次にくるものは，イ，エ，オ，カのいずれかであるが，イは結論にあたる部分と考えられるので，残りはエ，オ，カとなる。エについては，「ア－エ」とつなぐとすると，エの「そうでなくては」にあたるものがアの中にはない。よって，エも×（バツ）となる。

オの「そういった消極的，没変化的な活動」とは，アの内容をさしている。したがって，「ア－オ」とつながる。

解答　D

確認

指示語には，名詞（代名詞），形容動詞，副詞，連体詞があるが，特に名詞は指示代名詞といわれます。

指示代名詞には，「これ」「それ」「あれ」「どれ」などがあります。

練習問題　文の並べかえ

アシスト

まずは，空欄［5］にあてはまるものを見つける。そして残ったものについて［1］〜［4］を考える。

1. 次の文中の空欄［1］〜［5］に，意味が通るようにA〜Eの語句を入れたとき，空欄［2］にあてはまるものはどれか。

　今やエコカーの開発は，［1］［2］［3］［4］［5］水素を補給する施設の整備が不可欠となる。

　　　A　中でも水素を燃料とする燃料電池車は
　　　B　自動車メーカーにとって最大の課題となっており
　　　C　普及には製造コストの低減に加えて
　　　D　究極のエコカーといわれているが
　　　E　走行時に水しか排出しないため

アシスト

解き方は上問と同じである。Bの「これ」が何を指しているか考えよう。

2. 次の文中の空欄［1］〜［5］に，意味が通るようにA〜Eの語句を入れたとき，空欄［1］にあてはまるものはどれか。

　現在人間は，［1］［2］［3］［4］［5］自然環境に大きく影響を与えている。

　　　A　また山を削り，ダムをつくり
　　　B　これに手を加え様々なものを生産し
　　　C　川を変え，地下水をくみ上げたりなどして
　　　D　地球上の資源を集めて
　　　E　要らないものは捨て

コーチ

同じ言葉が何度も使われているものに注目しよう。また，指示語が何を指しているか，考えよう。

3. 次のア〜キの文を正しい順番に並べたとき，カの次にくるものはどれか。

　　　ア　だから，どうしても，とりあえず「みんなといっしょ」になってしまいがちなのだと思います。
　　　イ　「群集」のなかに「自分」を見失ってしまう。
　　　ウ　どうしていいのかわからないときは，とりあえず「みんなといっしょ」にしておけば，まず無難であるからです。
　　　エ　そして，「みんなといっしょ」の積み重ねは，いつのまに

カ 「自分」と「みんな」の境をなくしてしまいます。
　オ　そんな危険をはらんでいるのだと思います。
　カ　先の見えない時代と社会のなかで，私たち自身，どうして
　　いいのかわからない部分があまりにも多いように思えます。
　キ　それは，いかにも防衛的な時代の身の処し方です。

　　A　イ　　　　　B　ウ　　　　　C　エ
　　D　オ　　　　　E　キ

解答・解説　文の並べかえ

1.　A

　解説　まず空欄［5］にあてはまるものを考えると，Cの「普及には製造コストの
低減に<u>加えて</u>」の「加えて」が決め手となり，Cが入ることになる。
　残るA，B，D，Eについて検討すると，その内容から「A−E−D」となる。こ
れに，文頭の「今やエコカーの開発は」を加味すると，空欄［1］〜［4］は，B
−A−E−Dがあてはまることになる。

2.　D

　解説　定番通り，空欄［5］にあてはまるものを考えると，C以外にはないと容易
にわかる。よって，空欄［4］にはAが入る。
　よって，B，D，Eの順番を考えると，「D−B−E」となる。Bの「これ」は，
Dの「地球上の資源」を指している。

3.　A

　解説　キーワードに着目してみると，ア，ウ，エに「みんなといっしょ」という言
葉が使われている。その内容から，「ウ−ア」と並ぶことは分かるが，「エ−ウ−ア」
とは並ばない。エとウの間に何かが入る必要がある。そこで注目はキの「それは」で，
これはエの「『みんなといっしょ』の積み重ねは，いつのまにか『自分』と『みんな』
の境をなくしてしまいます」を指している。よって，「エ−キ−ウ−ア」となる。
　次に注目するのは，オの「そんな」が指しているもの。これは，イの文全体である。
つまり，「群集の中に自分を見失ってしまう危険をはらんでいる」ということ。よ
って，「カ−イ−オ」と並ぶ。
　以上より，正しい順番に並べると，「カ−イ−オ−エ−キ−ウ−ア」。

8 空欄補充

例題①

文中の空欄にあてはまるものはどれか。

（　　）ということは，自分が真実と考えるところをいくらかでも曲げるのであるから，その曲げ方次第では，よくない結果をきたす場合がある。自分の真実と主張するところを全く裏切るような曲げ方は（　　）ではなく，自己の主張の放棄である。

 A 批評   B 討議   C 協調
 D 妥協   E 協力

- 空欄があっても，それを気にせず，問題文を通読してみる。どんなことが書かれているのか，おおよそわかる。
- （　　）の中にA〜Eを一つひとつあてはめていき，正誤を決める。3つは容易に消せても，残る2つの選択に迷うことがあるが，そのときは"どこかに手がかりはないか"探してみる。

アドバイス

 "空欄補充の問題が苦手"という人がよくいるが，それはこのタイプの問題にほとんど接していないことが大きな原因です。"内容把握問題"と同様に多くの問題にあたれば，そうした苦手意識はなくなるはず。これは"文の並べかえ"についてもいえます。

解き方

 「（　　）ということは，自分が真実と考えるところをいくらかでも曲げるのである」の箇所を中心に検討する。

 Aの「批評」とBの「討議」は「自分が真実と考えるところをいくらかでも<u>曲げる必要はない</u>」ので，（　　）に該当しないことになる。

 Cの「協調」とEの「協力」は「互いに助け合う」という意味が含まれているので，「自分を<u>曲げる</u>」こととは無関係である。よって，（　　）に該当しない。

 以上より，正解は「妥協」となるが，実際，（　　）に入れてみてもぴったりあてはまる。

解答 D

例題②

文中の空欄ア～ウにあてはまるものはどれか。

　人が互いに話をすることは，人が人らしく生きていることの表れです。　ア　，話をしさえすれば人が人らしくなるのでしょうか。そんなことはありません。いくら言葉を重ねても，何も積みあげず，何も生み出さないこともあります。　イ　。せっかく積みあげたものを，心ない言葉が破壊してしまうことさえあります。話をすることは，我々人間としての大事な営みです。　ウ　，人間が生きることを課題とし，どのように生きるかを刻々にしるしとめることを作業とする文学が，人の言葉をしるさないはずがありませんでした。

	ア	イ	ウ
A	しかし	それだけではありません	そうすれば
B	しかし	そんなことはありません	だから
C	それならば	そんなことはありません	そうして
D	それならば	それだけではありません	だから
E	だから	それだけではありません	そうすれば

- 上記のように，空欄が複数あるときは，わかりやすい空欄から埋めていくことが鉄則である。
- 空欄に接続詞を入れる場合，前後の関係から，順接の接続詞が入るのか，それとも逆接の接続詞が入るのか，などについてしっかり検討しよう。

解き方

ア：「しかし」は逆接の接続詞，「それならば」と「だから」は順接の接続詞である。この場合，前後の関係から，空欄には"そういうことなら"という意味の接続詞が入る。よって，「それならば」があてはまる。なお，「だから」は，先行の事柄の当然の結果として，後続の事柄が起こることを示すので，ここでは不適となる。

イ：この空欄には，"その程度ではない"という意味の言葉が入る。なぜなら，空欄の前で「何も生み出さないこともあります」と述べておいて，空欄の後で「破壊してしまうことさえあります」と付け加えている。したがって，「それだけではありません」が入る。

ウ：この空欄には，順接の接続詞が入る。「そうすれば」「そうして」「だから」とも，順接の接続詞であるが，前の事柄が原因となり，その順当な結果があとにくることをはっきり表す「だから」が最も適しているといえる。

解答　D

確認

〈順接〉
それで，だから，そこで，ゆえに，したがって，それゆえ

〈逆接〉
しかし，だが，ところが，けれど（けれども），とはいえ，しかるに

〈並立〉
また，および，ならびに

〈対比・選択〉
それとも，または，もしくは

〈添加〉
なお，しかも，そして，それに，そのうえ

練 習 問 題　空欄補充

アシスト

「対比・選択」の際には，「あるいは」「それとも」が使われる。
（例）「夕食は，和食にしますか，それとも，洋食にしますか。」

1. 文中の空欄にあてはまるものはどれか。

　幸福については二つの考えがある。□□□□，幸福を外的な条件に求めるものと，内的な状態とするものである。客観的と主観的，物質的と精神的，といってもよい。すべての幸福論はこの二つの立場に要約される。

　　A　たとえば　　B　あるいは　　C　けれども
　　D　したがって　E　すなわち

コーチ

まずは，（ア）と（イ）に何が入るかを検討してみよう。「（イ）の仕事を奪い」の（イ）に，「自然」「人間」「芸術」を入れてみよう。

2. 文中の空欄ア～ウにあてはまるものはどれか。

　もちろん（ア）が（イ）の仕事を奪い，（イ）の尊厳性を傷つけ，（イ）を苦しめるといった悲観的な側面もあります。けれども，（イ）はもともと（ア）によって「敵なる（ウ）」になんとか対抗できるようになったのです。もし，現在の（ア）文明が（イ）の敵となるということになったら，もちろん（イ）は（ア）と戦わなければなりません。そしてそれは，かつて（イ）が（ウ）を敵として戦ったのとおなじ，ヒューマニズムの精神のあらわれにほかならないのです。

	ア	イ	ウ
A	人間	自然	芸術
B	自然	人間	文明
C	科学	芸術	人間
D	人間	自然	科学
E	機械	人間	自然

コーチ

2番目の（　）に「自立心」などを入れてみよう。日頃，そのように使われているかどうかを考

3. 文中の空欄にあてはまるものはどれか。

　（　　）という言葉は，とてもむずかしい言葉のようであり，また，別にとり立てていうほどのこともない，普通の人間が誰でも日常使っている言葉のようでもある。実際に新聞や雑誌の通常記事や日常会話でたくさん使用されている言葉であるので，そうした記事や会話で語られている事柄の中に置いてみれば大体の見

当はつく。おそらくそれは自主性という言葉と同じ意味だと思って差し支えないであろう。例えば，自分自身の立場では判断ができなく，いつも他人の意見に従って自分の行動を決めていくような人間，また，何の抵抗もなく簡単に流行の中にのみこまれていく人間，あるいはそういった立場を，私たちは（　　）がないという。

A　自立心　　　B　独立心　　　C　自律性
D　主体性　　　E　協調性

えてみよう。
「家を出て独立する」
「自律の心」
「協調性に欠ける」

解答・解説　空欄補充

1. E

解説　前後の内容を比べると，前文で「二つの考えがある」といって，後文で具体的に二つの考え方を説明している。このように説明・補足する際に使われる接続詞には，「すなわち」「つまり」「なぜなら」「ただし」「もっとも」などがある。

2. E

解説　この文章は，人間と機械の競争と共存について，自然と人間との過去の戦いに例を借りて説明したものである。

文頭の「（ア）が（イ）の<u>仕事を奪い</u>」から，（ア）には「機械」，（イ）には「人間」が入ると容易に推察できる。

3. D

解説　決め手となる箇所は，「おそらくそれは自主性という言葉と同じ意味だと思って差し支えないであろう」。よって，Bの「独立心」，Cの「自律性」，Eの「協調性」は（　　）にあてはまらない。

残るはAの「自立心」とDの「主体性」であるが，ここで2番目の（　　）に「自立心」と「主体性」を入れてみよう。「～ていく人間，あるいはそういった立場を（主体性）がない」とはいうけれど，「～ていく人間，あるいはそういった立場を（自立心）がない」とはいわない。

これも覚えておこう

同音異義語

□ 世論を**カンキ**する	喚起	
□ 勝利に**カンキ**する	歓喜	
□ 一昨日から**カンキ**が緩む	寒気	
□ 窓を開けて**カンキ**する	換気	
□ 上司の**カンキ**に触れる	勘気	
□ 団体**コウショウ**を行う	交渉	
□ 時代**コウショウ**を依頼する	考証	
□ 世間の**コウショウ**を追う	好尚	
□ **コウショウ**な趣味	高尚	
□ **チョウハツ**の青年	長髪	
□ **チョウハツ**に乗る	挑発	
□ **チョウハツ**料金	調髪	
□ 経済**セイサク**を練る	政策	
□ 家具を**セイサク**する	製作	
□ テレビ番組を**セイサク**する	制作	
□ 事業に**トウシ**する	投資	
□ 冬山で**トウシ**する	凍死	
□ X線で**トウシ**する	透視	
□ **トウシ**を燃やす	闘志	
□ パソコンを**セイサン**する	生産	
□ 勝利の**セイサン**がある	成算	
□ 借金を**セイサン**する	清算	
□ 運賃を**セイサン**する	精算	
□ 資本主義**タイセイ**	体制	
□ 受け入れ**タイセイ**を整える	態勢	
□ **タイセイ**には影響がない	大勢	
□ **タイセイ**を挽回する	退勢	
□ 単純**メイカイ**	明快	
□ **メイカイ**な説明	明解	

□ 校庭を**カイホウ**する	開放	
□ 受験地獄から**カイホウ**される	解放	
□ 病気が**カイホウ**に向かう	快方	
□ 病人を**カイホウ**する	介抱	
□ 調査の**タイショウ**	対象	
□ **タイショウ**図形	対称	
□ お山の**タイショウ**	大将	
□ 訳文を原文と**タイショウ**する	対照	
□ 圧倒的な**タイショウ**を収める	大勝	
□ 列車がホームに**シンニュウ**する	進入	
□ 泥水が**シンニュウ**する	浸入	
□ 盗賊が**シンニュウ**する	侵入	
□ **タンセイ**を込めて看護する	丹誠	
□ **タンセイ**して菊を育てる	丹精	
□ **タンセイ**な顔だち	端整	
□ **タンセイ**な身のこなし	端正	
□ 物々**コウカン**	交換	
□ **コウカン**を抱く	好感	
□ **コウカン**自重すべし	好漢	
□ **コウカン**を図る	交歓	
□ この眺めは実に**ソウカン**だ	壮観	
□ **ソウカン**関係	相関	
□ 本国へ**ソウカン**する	送還	
□ 雑誌の**ソウカン**	創刊	
□ ガスに**テンカ**する	点火	
□ 責任を**テンカ**する	転嫁	
□ 食品**テンカ**物	添加	
□ 家の**フシン**をする	普請	
□ 会社再建に**フシン**する	腐心	

2025年度版 高校生の就職試験 基礎から解けるSPI

（2023年度版 2022年2月21日 初版 第1刷発行）

2024年2月15日 初 版 第1刷発行

編 著 者	Ｔ Ａ Ｃ 株 式 会 社
	（ 就 職 試 験 情 報 研 究 会 ）
発 行 者	多 田 敏 男
発 行 所	Ｔ Ａ Ｃ 株 式 会 社 出 版 事 業 部
	（TAC 出版）

〒 101-8383
東京都千代田区神田三崎町 3-2-18
電 話 03（5276）9492（営業）
FAX 03（5276）9674
https://shuppan.tac-school.co.jp

組 版	株 式 会 社 リ リ ー フ ・ シ ス テ ム ズ
印 刷	日 新 印 刷 株 式 会 社
製 本	株 式 会 社 常 川 製 本

© TAC 2024　　Printed in Japan

ISBN 978-4-300-10681-5
N.D.C. 336

TAC出版 書籍のご案内

TAC出版では、資格の学校TAC各講座の定評ある執筆陣による資格試験の参考書をはじめ、資格取得者の開業法や仕事術、実務書、ビジネス書、一般書などを発行しています!

TAC出版の書籍

*一部書籍は、早稲田経営出版のブランドにて刊行しております。

資格・検定試験の受験対策書籍

- ◎日商簿記検定
- ◎建設業経理士
- ◎全経簿記上級
- ◎税理士
- ◎公認会計士
- ◎社会保険労務士
- ◎中小企業診断士
- ◎証券アナリスト

- ◎ファイナンシャルプランナー(FP)
- ◎証券外務員
- ◎貸金業務取扱主任者
- ◎不動産鑑定士
- ◎宅地建物取引士
- ◎賃貸不動産経営管理士
- ◎マンション管理士
- ◎管理業務主任者

- ◎司法書士
- ◎行政書士
- ◎司法試験
- ◎弁理士
- ◎公務員試験(大卒程度・高卒者)
- ◎情報処理試験
- ◎介護福祉士
- ◎ケアマネジャー
- ◎社会福祉士　ほか

実務書・ビジネス書

- ◎会計実務、税法、税務、経理
- ◎総務、労務、人事
- ◎ビジネススキル、マナー、就職、自己啓発
- ◎資格取得者の開業法、仕事術、営業術
- ◎翻訳ビジネス書

一般書・エンタメ書

- ◎ファッション
- ◎エッセイ、レシピ
- ◎スポーツ
- ◎旅行ガイド (おとな旅プレミアム/ハルカナ)
- ◎翻訳小説

書籍の正誤に関するご確認とお問合せについて

書籍の記載内容に誤りではないかと思われる箇所がございましたら、以下の手順にてご確認とお問合せをしてくださいますよう、お願い申し上げます。

なお、正誤のお問合せ以外の書籍内容に関する解説および受験指導などは、一切行っておりません。
そのようなお問合せにつきましては、お答えいたしかねますので、あらかじめご了承ください。

1 「Cyber Book Store」にて正誤表を確認する

TAC出版書籍販売サイト「Cyber Book Store」の
トップページ内「正誤表」コーナーにて、正誤表をご確認ください。

CYBER TAC出版書籍販売サイト
BOOK STORE

URL：https://bookstore.tac-school.co.jp/

2 1の正誤表がない、あるいは正誤表に該当箇所の記載がない
⇒ 下記①、②のどちらかの方法で文書にて問合せをする

★ご注意ください★

お電話でのお問合せは、お受けいたしません。
①、②のどちらの方法でも、お問合せの際には、「お名前」とともに、
「対象の書籍名（○級・第○回対策も含む）およびその版数（第○版・○○年度版など）」
「お問合せ該当箇所の頁数と行数」
「誤りと思われる記載」
「正しいとお考えになる記載とその根拠」
を明記してください。
なお、回答までに1週間前後を要する場合もございます。あらかじめご了承ください。

① ウェブページ「Cyber Book Store」内の「お問合せフォーム」より問合せをする

【お問合せフォームアドレス】

https://bookstore.tac-school.co.jp/inquiry/

② メールにより問合せをする

【メール宛先　TAC出版】

syuppan-h@tac-school.co.jp

※土日祝日はお問合せ対応をおこなっておりません。
※正誤のお問合せ対応は、該当書籍の改訂版刊行月末日までといたします。

乱丁・落丁による交換は、該当書籍の改訂版刊行月末日までといたします。なお、書籍の在庫状況等により、お受けできない場合もございます。
また、各種本試験の実施の延期、中止を理由とした本書の返品はお受けいたしません。返金もいたしかねますので、あらかじめご了承くださいますようお願い申し上げます。

（2022年7月現在）

別冊 冊子

別冊 冊子 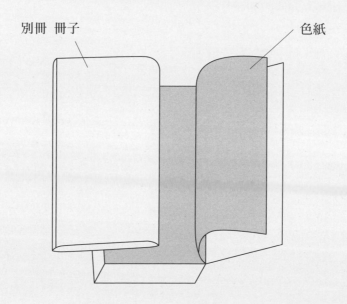 色紙

〈別冊 冊子ご利用時の注意〉

　以下の「別冊 冊子」は，この色紙を残したま
までいねいに抜き取り，ご利用ください。
　また，抜取りの際の損傷についてのお取替えは
ご遠慮願います。

別冊

高校生の就職試験
基礎から解ける
SPI これも出る!!

1 数式の定義＆計算

例題 1

4＊2＝4＋5＋6＝15

上記に示されているように，「4＊2」とは，「4から順に，4より大きい2つの整数を加える」ということである。

よって，4＊3＝4＋5＋6＋7＝22となる。

次の（　）に該当するものはどれか。

① 6＊2＝（　　）

A 16 B 26 C 20 D 25
E 18 F 21 G 28

② （　　）＊4＝55

A 7 B 11 C 5 D 9
E 6 F 8 G 11

Point

与えられた数式の定義をそのまま受け入れる。

例えば，10＊2＝10＋11＋12＝33と定義されている場合，

10＊3は，10＊3＝10＋11＋12＋13＝46と演算すればよいと考える。

アドバイス

上の例題①では，
4＊2＝4＋5＋6＝15
と定義されている。

しかし，
4＊2＝4＋5＝9
と定義されることもある。

つまり，定義の内容はさまざまであるので，"定義されたものについては，そのまま受け入れる"ほかない。

解き方

① 例題①には次の2つの式が示されている。

$4 * \underline{2} = 4 + \underline{5 + 6} = 15$

$4 * \underline{3} = 4 + \underline{5 + 6 + 7} = 22$から，

$6 * 2 = 6 + 7 + 8 = 21$

解答 **F**

② （　）に該当するものをxとすると，

$x * 4 = 55$

よって，次式が成立する。

$x * 4 = x + (x+1) + (x+2) + (x+3) + (x+4) = 55$

$\therefore 5x + (1+2+3+4) = 55$

$5x + 10 = 55$

$5x = 45$

$x = 9$

解答 **D**

5＊2＝5＋6＋7＝18

上記に示されているように，「5＊2」とは，「5から順に，5より大きい2つの整数を加える」ということである。

よって，5＊3＝5＋6＋7＋8＝26となる。

次の（　　）に該当するものはどれか。

① 10＊（　　）＝46

A　3	B　6	C　1	D　7
E　5	F　2	G　4	

② {（　　）＊3}＊（1＊2）＝14＊6

A　5	B　1	C　7	D　2
E　3	F　6	G　4	

3＊（　　）＝33について演算する場合，次の方法がある。

まず，3＋4＋5＋6＋7＝25と演算してみる。

しかし，25＜33であるので，

25に，さらに8を加えてみると，25＋8＝33　　∴（　　）＝5

解き方

① 10＊（　　）＝46より，まず次のように演算してみる。

10＋11＋12＝33　∴33＜46

よって，33＋13＝46

以上より，（　　）＝3

解答　A

② {（　　）＊3}＊（1＊2）＝14＊6より，

まず，（1＊2）を演算してみると，1＊2＝1＋2＋3＝6

よって，（　　）＊3＝14であることがわかる。

次に，（　　）＊3＝14に注目する。

x＊3＝14と考えてみると，

$x＋(x＋1)＋(x＋2)＋(x＋3)＝14$が成立。

∴　$4x＋6＝14$

$4x＝8$

∴　$x＝2$

解答　D

確　認

例題①の②番の問題は，前ページで示したように，「x」を使って解くことになる。

一方，例題②の①番の問題は，「x」は使わず，右辺の数値に等しくなるまで加算を行う。

このように，（　　）の位置により，解き方は変わることになる。

● 8＊2＝8＋9＋10＝27

上記に示されているように，「8＊2」とは，「8から順に，8より大きい2つの整数を加える」ということである。

よって，8＊4＝8＋9＋10＋11＋12＝50となる。

次の（　　）に該当するものはどれか。

① 5＊6＝（　　）

	A 70	B 56	C 45	D 58
	E 38	F 47	G 68	

② （　　）＊3＝38

	A 4	B 6	C 3	D 5
	E 10	F 8	G 7	

③ 6＊（　　）＝51

	A 6	B 3	C 5	D 10
	E 4	F 8	G 7	

④ （2＊2）＊{11＊（　　）}＝9＊36

	A 2	B 5	C 9	D 3
	E 11	F 12	G 7	

⑤ 3＊（　　）＝13＊2

	A 12	B 7	C 5	D 10
	E 6	F 9	G 8	

⑥ 16＊2＝6＊（　　）

	A 7	B 6	C 10	D 8
	E 9	F 11	G 5	

コーチ

5より大きい，次の整数を順番に加算していく。

コーチ

（　　）を x とおいてみる。よって，

x ＊3＝38

コーチ

6，7，8，……と順番に加算していく。

コーチ

まず，2＊2を演算してみること。

コーチ

まず，13＊2を演算してみること。

コーチ

まず，16＊2を演算してみること。

① **解答** B

$5 \ast 6 = 5 + 6 + 7 + 8 + 9 + 10 + 11 = 56$

∴ $5 \ast 6 = 56$

② **解答** F

(）$\ast 3 = 38$　これを，$x \ast 3 = 38$ に変形してみる。

$x \ast 3 = x + (x + 1) + (x + 2) + (x + 3) = 38$

$x \times 4 + (1 + 2 + 3) = 38$

$4x + 6 = 38$　∴ $x = 8$　∴ (）$= 8$

③ **解答** C

$6 \ast$ (）$= 51$ より，次式の合計が51になるまで加算を行う。

$6 + 7 + 8 + 9 = 30$　したがって，さらに加算を行うと，

$30 + 10 + 11 = 51$

この結果，(）-5　であるとわかる。

④ **解答** A

$(2 \ast 2) \ast \{11 \ast (）\} = 9 \ast 36$ より，

まず，$(2 \ast 2)$ を演算してみると，$2 \ast 2 = 2 + 3 + 4 = 9$

よって，$11 \ast (） = 36$ であることがわかる。

$11 + 12 + 13 = 36$ より，(）$= 2$

⑤ **解答** E

$13 \ast 2 = 13 + 14 + 15 = 42$

∴ $3 \ast (） = 42$

よって，$3 + 4 + 5 + 6 + 7 + 8 + 9 = 42$

以上より，$3 \ast 6 = 42$　∴ (）$= 6$

⑥ **解答** G

$16 \ast 2 = 16 + 17 + 18 = 51$

∴ $6 \ast (） = 51$

よって，$6 + 7 + 8 + 9 + 10 + 11 = 51$

以上より，$6 \ast 5 = 51$　∴ (）$= 5$

● 10＊2＝10＋11＋12＝33

　上記に示されているように，「10＊2」とは，「10から順に，10より大きい2つの整数を加える」ということである。

　よって，10＊4＝10＋11＋12＋13＋14＝60となる。

　次の（　　）に該当するものはどれか。

コーチ

（　　）をxとおいてみる。よって，
x＊5＝231

コーチ

23, 24, 25, ……と順番に加算していく。

① （　　）＊5＝231

A　24	B　32	C　30	D　26
E　38	F　36	G　34	

② 23＊（　　）＝212

A　12	B　5	C　9	D　7
E　8	F　10	G　6	

コーチ

まず，40＊2を演算してみること。

③ 18＊（　　）＝40＊2

A　4	B　8	C　6	D　10
E　5	F　7	G　9	

コーチ

まず，8＊3を演算してみること。

④ ｛15＊（　　）｝＊（8＊3）＝85＊38

A　5	B　6	C　4	D　7
E　8	F　3	G　10	

コーチ

｛4＊（　　）｝をxとおいてみる。

⑤ ｛4＊（　　）｝＊（3＊1）＝148

A　2	B　10	C　8	D　3
E　5	F　4	G　6	

① **解答**　F

（　　）＊5 ＝ 231　　これを，$x ＊ 5 = 231$ に変形してみる。

$x ＊ 5 = x + (x + 1) + (x + 2) + (x + 3) + (x + 4) + (x + 5) = 231$

$x \times 6 + (1 + 2 + 3 + 4 + 5) = 231$

$6x + 15 = 231$　　$\therefore x = 36$　　$\therefore$（　　）$= 36$

② **解答**　D

23＊（　　）＝ 212 より，次式の合計が212になるまで加算を行う。

$23 + 24 + 25 + 26 + 27 + 28 = 153$　　したがって，さらに加算を行う。

$153 + 29 + 30 = 212$

この結果，（　　）$= 7$ となる。

③ **解答**　E

$40 ＊ 2 = 40 + 41 + 42 = 123$　　$\therefore 18 ＊ (　　) = 123$

18＊（　　）＝ 123 より，次式の合計が123になるまで加算する。

$18 + 19 + 20 + 21 + 22 + 23 = 123$

この結果，（　　）$= 5$ となる。

④ **解答**　C

$8 ＊ 3 = 8 + 9 + 10 + 11 = 38$　　$\therefore 15 ＊ (　　) = 85$ であることがわかる。

15＊（　　）＝ 85 より，次式の合計が85になるまで加算する。

$15 + 16 + 17 + 18 + 19 = 85$

この結果，（　　）$= 4$ となる。

⑤ **解答**　A

$3 ＊ 1 = 3 + 4 = 7$

ここで，$\{4 ＊ (　　)\}$ を x とおくと，$x ＊ 7 = 148$

$x ＊ 7 = 148$ より，

$x + (x + 1) + (x + 2) + (x + 3) + (x + 4) + (x + 5) + (x + 6) + (x + 7) = 148$

$x \times 8 + (1 + 2 + 3 + 4 + 5 + 6 + 7) = 148$

$8x + 28 = 148$　　$8x = 120$　　$\therefore x = 15$

4＊（　　）＝ 15 より，

$4 + 5 + 6 = 15$　　$\therefore$（　　）$= 2$ となる。

例題 ①

下図において，DE∥BCである。xの長さはいくらか。

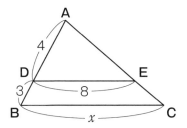

A	12	B	10
C	15	D	13
E	14	F	16
G	11		

Point

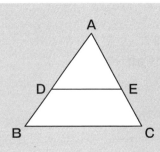

左図の△ABCの辺AB上の点をD，辺AC上の点を
Eとする。
このとき，DE∥BCならば，次式が成立する。
AD：AB＝AE：AC＝DE：BC
AD：DB＝AE：EC

アドバイス

AD：AB
＝AE：AC
＝DE：BC
については，よく覚えて
いるものの，次式につい
て，しっかり覚えていな
い人がいる。これを使っ
て問題を解くことも多い
ので，必ず覚えておこう。
AD：DB
＝AE：EC

解き方

AD：AB＝DE：BCより，
$$4：(4＋3)＝8：x$$
$$4：7＝8：x$$
$$4x＝56 \quad ∴x＝14$$

解答 E

なぜそうなるのか

△ADEと△ABCに着目すると，
∠ADE＝∠ABC
∠AED＝∠ACB
∠A＝∠A
∴△ADE∽△ABC
相似な図形では，対応する辺の比は等しいので，
AD：AB＝AE：AC＝DE：BCが成立する。

下図において，ℓ∥m∥nである。xの値はいくらか。

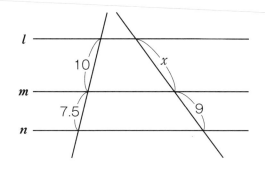

A	11.0
B	11.5
C	12.0
D	12.5
E	13.0
F	13.5
G	14.0

Point

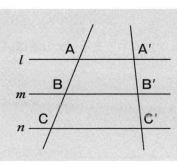

ℓ∥m∥nのとき，次式が成立する。
AB：BC＝A′B′：B′C′
また，次式も成立する。
AB：A′B′＝BC：B′C′

解き方

ℓ∥m∥nであるので，
次式が成立する。

AB：BC＝A′B′：B′C′

AB＝10　BC＝7.5
A′B′＝x　B′C′＝9
これらを上式にあては
めると，

10：7.5＝x：9

7.5x＝90　　∴ x＝12

また，AB：A′B′＝BC：B′C′にあてはめてみると，

10：x＝7.5：9

7.5x＝90　　∴ x＝12

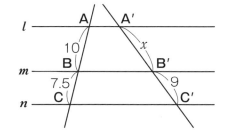

確認

下図の場合においても，
次式は成立する。
AB：BC＝A′B′：B′C′
AB：A′B′＝BC：B′C′

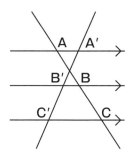

解答　C

練習問題　図形（Ⅰ）

コーチ

DE∥BCであるので，
△ADE∽△ABCとなる。

1. 下図において，DE∥BCである。xの長さはいくらか。

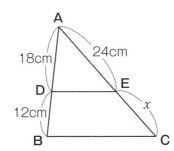

A	14cm
B	16cm
C	17cm
D	18cm
E	19cm
F	20cm
G	22cm

コーチ

わかりにくければ，下
図のように平行移動して
考えてみればよい。

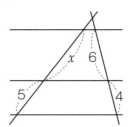

2. 下図において，ℓ∥m∥nである。xの値はいくらか。

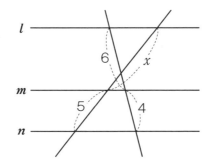

A	7.0
B	7.5
C	8.0
D	8.5
E	9.0
F	9.5
G	10.0

コーチ

最初に，BCの長さを
求める。
次に，EFの長さを求
める。

3. 下図の△ABCにおいて，EF∥BC，MN∥BCであり，AE：
EB＝5：7，AN：NC＝3：1である。MN＝18cmのとき，EF
の長さはいくらか。

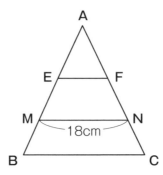

A	8.0cm
B	8.5cm
C	9.0cm
D	9.5cm
E	10.0cm
F	10.5cm
G	11.0cm

1. 解答　B

DE∥BCであることから，次式が成立する。

AD : AE = DB : EC

AD = 18， AE = 24， DB = 12， EC = x であるので，

18 : 24 = 12 : x

18x = 288　　∴ x = 16（cm）

2. 解答　B

ℓ∥m∥nであることから，次式が成立する。

AB : BC = A′B′ : B′C′

与えられた数値を上式にあてはめると，

6 : 4 = x : 5

4x = 30

∴ r = 7.5

また， AB : A′B′ = BC : B′C′も成立する。

よって， 6 : x = 4 : 5

4x = 30

x = 7.5

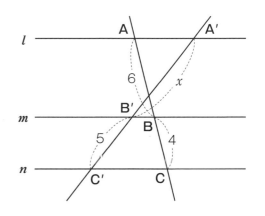

3. 解答　E

このタイプの問題は解き方を覚えておくことがポイントである。

まず， AN : NC = 3 : 1， MN = 18（cm）の2つの条件を使って，BCの長さを計算する。

AN : AC = MN : BC

3 :（3 + 1）= 18 : BC

3BC = 72　　∴ BC = 24（cm）

次に， AE : EB = 5 : 7， BC = 24から，EFの長さを計算する。

AE : AB = EF : BC

5 :（5 + 7）= EF : 24

12EF = 120　　∴ EF = 10（cm）

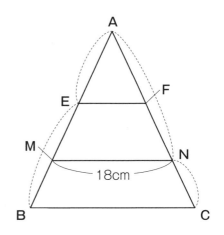

例題 ①

下図において，四角形ABCDはAD∥BCの台形である。また，M，Nは辺AB，DCの中点で，MN∥BCである。このとき，MNの長さはいくらか。

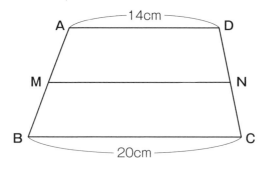

A　15.5cm
B　16.0cm
C　17.0cm
D　17.5cm
E　18.0cm
F　18.5cm
G　19.0cm

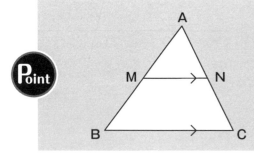

Point

△ABCの辺AB，ACの中点をそれぞれM，Nとし，MN∥BCのとき，次式が成立する。

$$MN = \frac{1}{2} BC$$

アドバイス

問題設定において，「AB，DCの中点をM，Nとする」などの記述がある場合には，この問題は"中点連結定理"を使って解く問題と考えるとよい。

中点連結定理を使う場合，与えられた図形を三角形にする必要があるので，本問のように，台形に補助線を引き，2つの三角形をつくるとよい。

解き方

右図の△ABCに着目してもらいたい。中点連結定理より，

$$MF = \frac{1}{2} BC$$

$$MF = \frac{1}{2} \times 20 = 10$$

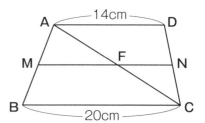

次に，△ACDに着目してもらいたい。中点連結定理より，

$$FN = \frac{1}{2} AD = \frac{1}{2} \times 14 = 7$$

以上より，MN = MF + FN = 10 + 7 = 17（cm）

解答　C

下図の台形ABCDにおいて，高さhはいくらか。

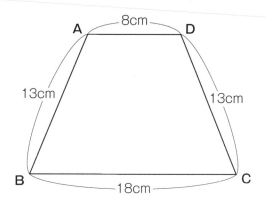

A	9.5cm
B	10.0cm
C	10.5cm
D	11.0cm
E	11.5cm
F	12.0cm
G	12.5cm

AB＝DC＝13cmに着目する。

次に，AとDからそれぞれ垂線をおろし，その足をE，Fとする。

すると，△ABE≡△DCFが判明する。

△ABEは直角三角形であるので，三平方の定理を使う。

解き方

　右図からわかるように，△ABEと△DCFはともに直角三角形である。また，AB＝DC，AE＝DFから，△ABE≡△DCFとなる。よって，BE＝FC。
BC＝18，EF＝8，
BE＝FCより，BE＝FC＝5

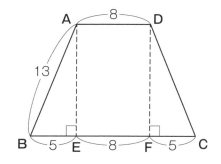

　次に，直角三角形ABEに着目する。AB＝13，BE＝5より，三平方の定理を使うと，次式が成立する。

$AE^2 + BE^2 = AB^2$

$AE^2 + 5^2 = 13^2$

$AE^2 = 13^2 - 5^2 = 169 - 25 = 144$

$\therefore AE = 12$　　以上より，h＝12（cm）

解答　F

アドバイス

　図形の問題を解く際，心がけることの1つに"補助線を引いてみる"ことがある。

　本問でいえば，「AとDからそれぞれ垂線をおろし，その足をE，Fとする」ことである。この結果，△ABEと△DCFがともに直角三角形となり，2つの直角三角形が合同であることが判明することで，BE＝FC＝5が導き出されることになる。

1. 下図において，四角形ABCDはAD／BCの台形である。また，MNは辺AB，DCの中点で，MN／BCである。MNとDBの交点をE，MNとACの交点をFとするとき，EFの長さはいくらか。

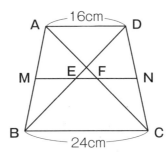

A	1.5cm
B	2.0cm
C	2.5cm
D	3.0cm
E	3.5cm
F	4.0cm
G	4.5cm

2. 下図のような直方体がある。FG＝12cm，GH＝6cm，BF＝6cmのとき，AGの長さはいくらか。

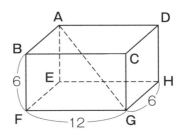

A	$10\sqrt{2}$ cm
B	$8\sqrt{3}$ cm
C	$9\sqrt{3}$ cm
D	$10\sqrt{3}$ cm
E	$6\sqrt{6}$ cm
F	$7\sqrt{6}$ cm
G	$8\sqrt{6}$ cm

3. 半径8cmの円がある。円の中心Oから12cmの距離にある点Sから，下図に示したように，円に接線STを引いたとき，線分STの長さはいくらか。

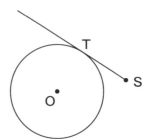

A	$3\sqrt{6}$ cm
B	$3\sqrt{7}$ cm
C	$3\sqrt{10}$ cm
D	$4\sqrt{5}$ cm
E	$4\sqrt{6}$ cm
F	$5\sqrt{3}$ cm
G	$6\sqrt{2}$ cm

4. 下図は，長方形の紙ABCDを，頂点Aが頂点Cに重なるように折り返したものである。このとき，折り目をEFとした場合，AEの長さはいくらか。

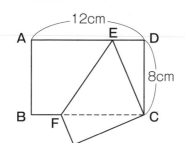

コーチ

EFを折り目にして，頂点Aが頂点Cに重なるように折り返したとき，AEはどの位置に移動するかを考えてみよう。

A $8\dfrac{1}{3}$ cm   B $8\dfrac{2}{3}$ cm

C $8\dfrac{3}{4}$ cm   D $9\dfrac{1}{3}$ cm

E $9\dfrac{2}{3}$ cm   F $9\dfrac{3}{4}$ cm

G $10\dfrac{1}{6}$ cm

5. 下図の△ABCにおいて，BC＝8cm，CA＝2cm，∠BCA＝120°のとき，辺ABの長さはいくらか。

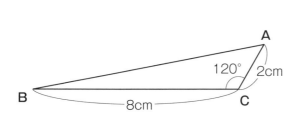

コーチ

∠BCA＝120°に着目してみる。

ここでは，適当に補助線を引いてみよう。

A $2\sqrt{21}$ cm

B $2\sqrt{23}$ cm

C $3\sqrt{15}$ cm

D $3\sqrt{17}$ cm

E $4\sqrt{7}$ cm

F $4\sqrt{11}$ cm

G $4\sqrt{13}$ cm

解答・解説 　図形（Ⅱ）

1. **解答** F

△ABCに着目する。中点連結定理より，$MF = \dfrac{1}{2}BC = \dfrac{1}{2} \times 24 = 12$

△ABDに着目する。中点連結定理より，$ME = \dfrac{1}{2}AD = \dfrac{1}{2} \times 16 = 8$

$EF = MF - ME = 12 - 8 = 4$ ∴ $EF = 4$ （cm）

2. **解答** E

$EF^2 + FG^2 = EG^2$ $6^2 + 12^2 = EG^2$ $EG^2 = 36 + 144 = 180$

∴ $EG = \sqrt{180} = \sqrt{9 \times 20} = 3\sqrt{20}$

$EG^2 + AE^2 = AG^2$ $(3\sqrt{20})^2 + 6^2 = AG^2$ $AG^2 = 180 + 36 = 216$

∴ $AG = \sqrt{216} = \sqrt{36 \times 6} = 6\sqrt{6}$ （cm）

3. 解答　D

右図に示したように，円の半径は8cmであるので，OT = 8となる。

また，点Sは円の中心Oから12cm離れたところにあるので，次式が成立する。

$$OT^2 + ST^2 = OS^2$$
$$8^2 + ST^2 = 12^2$$
$$ST^2 = 144 - 64 = 80$$
$$\therefore ST = \sqrt{80} = \sqrt{16 \times 5} = 4\sqrt{5} \text{ (cm)}$$

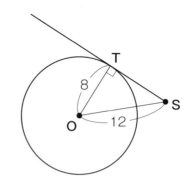

4. 解答　B

右図を見てわかるように，AE = EC，AE = x とすると，ED = $12 - x$

△EDCに着目してもらいたい。

∠D = 90°であるので，△EDCは直角三角形。よって，次式が成立する。

$$x^2 = (12 - x)^2 + 8^2$$
$$x^2 = 144 - 24x + x^2 + 64$$
$$24x = 208$$
$$\therefore x = \frac{208}{24} = \frac{104}{12} = \frac{52}{6} = 8\frac{4}{6} = 8\frac{2}{3} \text{ (cm)}$$

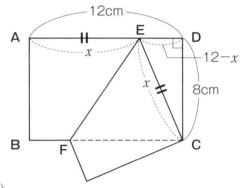

5. 解答　A

まず，図1を見てもらいたい。∠ACD = 60°，AC = 2cmであることから，図2に示すように，∠ACD = 60°，∠CDA = 90°，∠CAD = 30°から，CD = 1cm，AD = $\sqrt{3}$ cm

したがって，次式が成立する。

$$AB^2 = BD^2 + AD^2$$
$$AB^2 = (8 + 1)^2 + (\sqrt{3})^2 \qquad AB^2 = 81 + 3 = 84$$
$$\therefore AB = \sqrt{84} = \sqrt{4 \times 21} = 2\sqrt{21} \text{ (cm)}$$

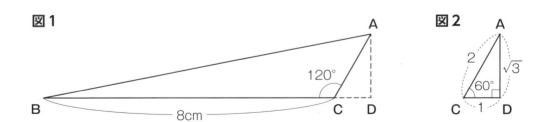

図1

図2